POLYGLOTT

PORTO

ON TOUR

DIE AUTORIN

SARA LIER

lebt als freie Autorin, Stadtführerin und
Studienreiseleiterin in Portugal. Schon während ihres
Geografiestudiums verliebte sie sich in das kleine Land
an der Südwestkante Europas. Der Facettenreichtum der
rauen, aber herzlichen Hafenstadt Porto fasziniert sie
besonders – sodass sie oft hierher kommt.

W0176517

Unser E-Book-Code zur elektronischen Erweiterung des
POLYGLOTT on tour. Das kostenlose E-Book enthält die im
Reiseführer aufgeführten Adressen entlang der Touren,
beispielsweise zu Essen und Trinken, Shoppen, Aktivitäten
und Hotel-Tipps. Links auf einen externen Kartendienst
vereinfachen das Auffinden dieser Adressen.

SYMBOLE ALLGEMEIN

 Erstklassig: Besondere Tipps
der Autoren

 Seitenblick: Spannende
Anekdoten zum Reiseziel

 Top-Highlights und
Highlights der Destination

TOUR-SYMBOLE		PREIS-SYMBOLE	
❶ Die POLYGLOTT-Touren		Hotel DZ	Restaurant
6 Stationen einer Tour	€	bis 90 EUR	bis 12 EUR
❶ Zwischenstopp Essen & Trinken	€€	90 bis 150 EUR	13 bis 20 EUR
📖 A1 Die Koordinate verweist auf	€€€	über 150 EUR	über 20 EUR
die Platzierung in der Faltkarte			
📖 a1 Platzierung Rückseite Faltkarte			

ZEICHENERKLÄRUNG DER KARTEN

beschriebenes Stadtviertel (Seite=Kapitelanfang)	Hauptstraße
10 **E** **h** Sehenswürdigkeiten	sonstige Straßen
10 Zwischenstopp Essen & Trinken	Fußgängerzone
4 Tourenvorschlag	Eisenbahn
Autobahn	Staatsgrenze
Schnellstraße	Landesgrenze
	Nationalparkgrenze

TOP-12-HIGHLIGHTS

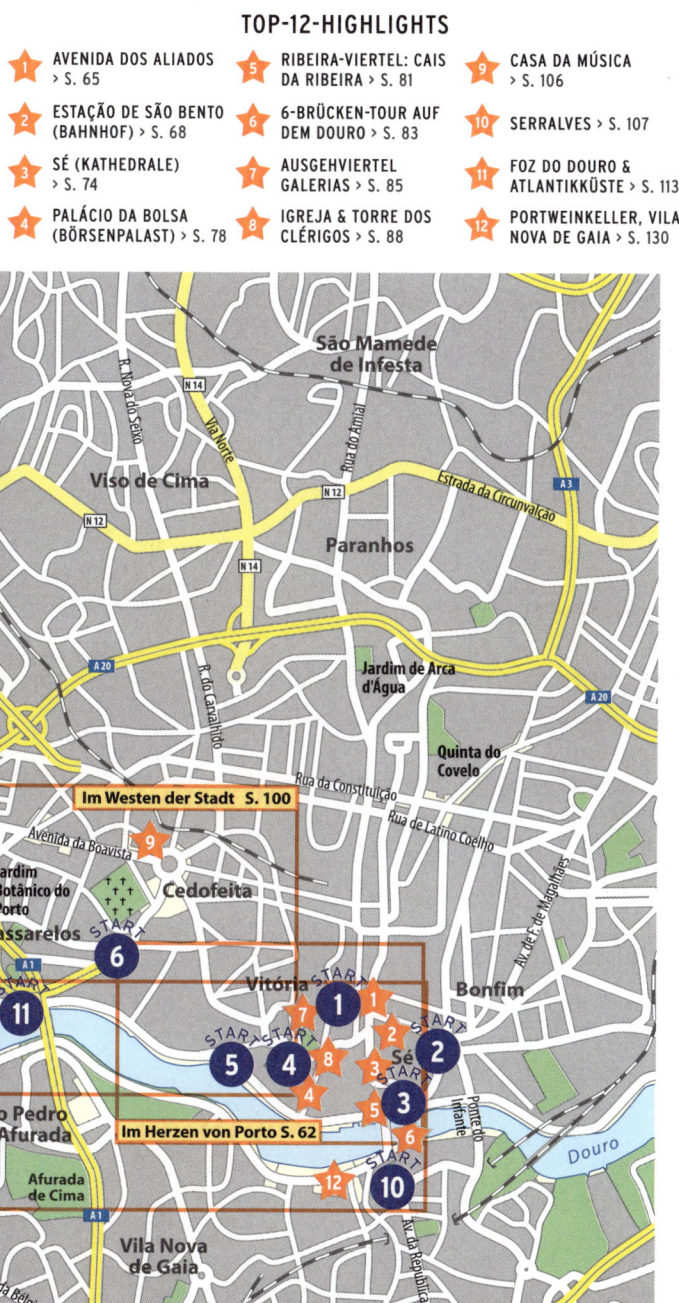

UNUS

DEUS

VIRGINEM IPSAM VIDIT

FIDES

Die Igreja de Santo
Ildefonso ist ein Traum
aus Granit und Azulejos

TYPISCH

PORTO IST EINE REISE WERT!

Porto ist pure Poesie, ein Gedicht aus Granit und verwinkelten Gassen. Die charmante Dame ist in die Jahre gekommen, doch sie putzt sich emsig raus, ihre Azulejo-Fassaden erstrahlen in neuem Glanz. Und immer im Blick: der Douro, an dessen Südufer der köstliche Portwein reift.

SARA LIER
lebt als freie Autorin, Stadtführerin und Studienreiseleiterin in Portugal. Schon während ihres Geografiestudiums verliebte sie sich in das kleine Land an der Südwestkante Europas. Der Facettenreichtum der rauen, aber herzlichen Hafenstadt Porto fasziniert sie besonders – sodass sie oft hierher kommt.

Es regnete in Strömen an jenem Novemberwochenende, an dem ich zum ersten Mal mit dem Zug von Lissabon nach Porto fuhr. Beim Überqueren des Douro über die Ponte de São João sah ich aus dem Zugfenster und blickte in eine finstere Schlucht, durch die sich der berühmte Fluss Richtung Atlantik wälzte. In Campanhã stieg ich um, wenige Minuten später erreichte ich Portos Innenstadtbahnhof São Bento. Und traute meinen Augen nicht: In der imposanten Bahnhofshalle erzählten glänzende Azulejos Geschichten aus früheren Zeiten, ich fühlte mich wie in einem Palast – und nicht wie in einem Bahnhof. Kaum trat ich auf die Straße, schon die nächste fliesenverzierte Fassade an der Igreja dos Congregados, und gleich neben meiner Unterkunft an der Praça da Batalha eine weitere. Als ob die Stadt mir sagen wollte: Siehst du, auch im strömenden Regen kann ich glänzen. Und wie! Ich betrat das Café Majestic und war überwältigt von dem alternden Charme des Belle-Époque-Dekors, ich besuchte den Börsenpalast und kam im Arabischen Saal aus dem Staunen nicht mehr raus, die üppige *talha dourada* in der Igreja de São Francisco nebenan bescherte mir gar einen ordentlichen Goldschock. Ich war fasziniert von den lebhaften Kneipen und Lokalen rund ums Coliseu, wo ich am Abend ein Konzert besuchte – der Auftritt einer meiner Lieblingsbands war der eigentliche Grund für den Ausflug in die Stadt am Douro.

Am nächsten Tag regnete es immer noch, doch ich erfreute mich einfach an den nostalgischen Geschäften neben der Markthalle und an den bunten Ständen des Mercado do Bolhão. Ich roch zum ersten Mal den würzigen Duft des Portweins zwischen uralten Fässern in einem der Portweinkeller von Vila Nova de Gaia und bestaunte die kunstvollen Bauwerke aus Granit – auch wenn dieses Gestein die verregnete Stadt noch düsterer erscheinen ließ. Doch ich stellte schnell fest: Auf feuchtem Granit lässt es sich bestens laufen, er ist viel rutschfester als der schmierglatte Kalkstein in Lissabon. Ich verließ Porto nach diesem Wochenende mit einem Lächeln.

Klar, jede Stadt ist schöner bei Sonnenschein. Doch im Winterhalbjahr gehört der Regen im feuchten Norden Portugals nun mal dazu, und es spricht für Porto, dass ich mich selbst bei so einem Wetter in die Stadt verliebt habe. Wenige Wochen später kam ich wieder, nun war es kalt, aber trocken – und ich entdeckte die Stadt noch einmal. Ich genoss die fantastischen Aussichten: Vom Passeio das Virtudes sah ich den Sonnenuntergang über dem Douro, vom Mosteiro da Serra do Pilar bewunderte ich die bunten Fassaden der Ribeira, vom Turm der Igreja dos Clérigos blickte ich über die Dächer Portos bis zur mächtigen Kathedrale und von der romantischen Pérgola da Foz betrachtete ich die wilden Wellen des Atlantiks. Ich streifte durch die Gärten des Palácio de Cristal und fand auch hier wundervolle Aussichten, ich ließ mich durch die Treppenviertel der Sé und der Ribeira treiben und war begeistert von dem im Sonnenlicht erstrahlenden Granit.

Vielleicht muss man Porto bei verschiedenen Wetterlagen erleben, um sich ein richtiges Bild von der Stadt machen zu können. Auch wenn sie im Kern nur noch knapp 215 000 Einwohner zählt (während der Großraum schon auf über 1,5 Millionen Menschen angeschwollen ist) – Porto verdient

Vom Kathedralenhügel blickt man auf das Häusermeer des Bairro da Sé zur Torre dos Clérigos

mindestens ein langes Wochenende für eine entspannte und genussvolle Erkundung. Und wer weiß, vielleicht regnet es ja auch mal einen Tag, dann haben Sie mehr Zeit für goldene Kirchen, alte oder moderne Museen oder für das spektakuläre Konzerthaus Casa da Música. Überhaupt – die Kultur sollte nicht zu kurz kommen. Schauen Sie mal in den Veranstaltungskalender, Sie werden staunen, was für ein spannendes Kulturprogramm die Stadt auf die Beine stellt! Und wenn es mal etwas Bewegung sein darf: An den Ufern des Douro und Atlantiks oder in der weitläufigen Parkanlage Parque da Cidade lässt sich herrlich joggen oder Rad fahren. Etwas Energie sollten Sie sich allerdings für die steilen Altstadtviertel aufsparen, hier geht es durch schmale Treppengässchen ordentlich auf und ab.

Gut, dass man sich an jeder Ecke stärken kann. Der Norden Portugals ist berühmt (und bei manchen auch berüchtigt) für seine üppigen, deftigen Gerichte. Es müssen ja nicht gleich die *tripas* (Innereien) sein, aber eine saftige *francesinha* sollten Sie mal probieren – nach so einem in würziger Soße schwimmenden Wurst-Fleisch-Ei-Käse-Toast ist man erst einmal gesättigt. Und hat Kraft getankt für den Aufstieg vom Douro-Ufer hinauf zur jahrhundertealten Kathedrale. Porto atmet in allen Ecken Historie, die »unbesiegte« Stadt hat so manches Mal eine wichtige Rolle in der portugiesischen Geschichte gespielt und ist zurecht stolz darauf. Lassen Sie sich faszinieren – von dieser stolzen Vergangenheit, dem Granit, den Aussichten und den kulinarischen Genüssen. Und sollte es während Ihres Besuchs regnen, keine Panik – Porto kann auch bei Regen glänzen.

In Portos Cafés wird hervorragender Kaffee serviert – Cappuccino oder Latte macchiato sucht man jedoch oft vergebens

WAS STECKT DAHINTER?

Die kleinen Geheimnisse sind oftmals die spannendsten. Hier werden die Geschichten hinter den Kulissen erzählt.

WARUM NENNT MAN DIE EINWOHNER PORTOS AUCH »TRIPEIROS«?

Na, weil sie eben so gerne *tripas* essen. Aber wie kam es zu dieser Leidenschaft für Innereien? Die Legende geht zurück auf das Jahr 1415. Am Douro-Ufer baute man Schiffe, der Infante Dom Henrique (Heinrich der Seefahrer) höchstpersönlich schaute nach den Fortschritten. Er bat den Baumeister, sich noch mehr zu beeilen und verriet ihm, wofür man diese Flotte nutzen wolle: für die Eroberung von Ceuta. Der Mestre antwortete, dass er sich keine Sorgen machen müsse, um König João I. und seine Söhne zu unterstützen, würden die Portuenser alles geben, sogar ihr bestes Fleisch – während man in der Stadt nur noch die Innereien essen würde. Heinrich war gerührt und sagte, dass die Einwohner Portos nun mit Stolz den Namen *tripeiros* (Kuttelfresser) tragen sollten. Kurz darauf eroberte er Ceuta – das Zeitalter der portugiesischen Entdeckungsfahrten hatte begonnen.

WIE KAM PORTO ZU SEINEN »INSELN«?

Kaum jemand ahnt, was sich hinter zahlreichen Hausfassaden verbirgt: Kleine Arbeitersiedlungen blühen hier im Verborgenen, die im 19. Jh. in den Hinterhöfen nahe der Fabriken entstanden sind. Noch Ende des 19. Jh. lebte etwa die Hälfte der Bevölkerung Portos in den nur wenigen Quadratmeter kleinen Wohnungen. Heute gibt es noch über 950 solcher *ilhas* in Porto, die meisten in den Vierteln Bonfim und Campanhã. Gut 10 000 Portuensern, etwa 5 % der Stadbevölkerung, bieten die mittlerweile jedoch sanierungsbedürftigen 5000 Minimietwohnungen noch ein erschwingliches Dach über dem Kopf.

WOFÜR STEHT DER DRACHE IM WAPPEN DES FC PORTO?

Was der Adler für Benfica Lissabon, ist der Drache für den FC Porto. Er ziert ihr Wappen und steht heute als das Symbol für die Blau-Weißen. Doch wo kommt er her, der *dragão*? 1832 und 1833 belagerten die absolutistischen Miguelisten die Stadt, um über den liberalen Dom Pedro IV. zu siegen. Vergeblich, Dom Pedro blieb dank Portuenser Unterstützung ungeschlagen – Porto wurde zur *cidade invicta*. Diesen Erfolg nahm man ins Stadtwappen auf, in Form eines unbesiegten Drachens auf der Königskrone. 1940 mussten monarchische Symbole aus offiziellen Wappen verbannt werden, doch zwischenzeitlich hatte auch der FC Porto das Stadtwappen in sein Vereinswappen integriert – inklusive dem speienden Drachen.

50 DINGE, DIE SIE...

Hier wird entdeckt, probiert, gestaunt, Urlaubserinnerungen werden gesammelt und Fettnäpfe clever umgangen. Diese Tipps machen Lust auf mehr und lassen Sie die ganz typischen Seiten erleben. Viel Spaß dabei!

... ERLEBEN SOLLTEN

1 Die Ponte de Arrábida erklimmen Mit Sicherheitsgurten ausgestattet, geht es den 65 m hohen Betonbogen auf die Brücke hinauf – die 262 Stufen werden von einer phänomenalen Aussicht über den Douro belohnt › S. 149 (Rua do Ouro 680, www.portobridgeclimb.com, tgl. ab 14.15 Uhr bis Sonnenuntergang, Führungen ab 15 €/ pro Pers.

2 Den »Underdog-Verein« Boavista Futebol Clube anfeuern Der FC Porto ist nicht der einzige Erstligaverein Portos. Die Fans von Boavista freuen sich bei Heimspielen über Unterstützung – vor allem beim Lokalderby › S. 52 (Estádio do Bessa Século XXI, Rua O Primeiro do Janeiro, boavistafc.pt).

3 Mit der nostalgischen Straßenbahn zur Douro-Mündung Seit 1905 tuckert die E1 von der Tramhaltestelle Infante █ G5 am Ufer entlang zum Passeio Alegre in Foz do Douro – eine herrliche Panoramafahrt Richtung Meer (tgl. ab 9–ca. 20 Uhr, www.stcp.pt, Einzelfahrt 3,50 €).

4 Musik auf der Avenida dos Aliados Wenn Sie in den Sommermonaten kommen, stehen die Chancen gut, dass Sie eines der vielen Gratiskonzerte auf Portos stimmungsvoller Prachtallee › S. 65 erwischen. Von Klassik bis Pop ist alles dabei.

5 Surfen in Matosinhos Egal, ob es die ersten Stehversuche auf einem Surfbrett sind oder ob Sie schon zu den Meistern des Wellenreitens gehören – in Matosinhos findet jeder eine passende Welle › S. 120. Onda Pura verleiht Material und gibt Surfunterricht (Praia de Matosinhos, Tel. 229371824, ondapura.com, 4 Std/65 €).

6 Mit alten Druckmaschinen drucken Das staatliche Druckereimuseum nahe der Ponte do Freixo ist ein modernes, interaktives Museum, in dem die alten Drucktechniken wieder lebendig werden. Auf einer alten Holzpresse aus dem 19. Jh. dürfen Sie sich Ihr eigenes Souvenir drucken (Museu Nacional da Imprensa, EN 108 Nr. 206, www.museu daimprensa.pt, Mo–Fr 10.30–12.30, 14.30 bis 18.30 Uhr, 2 €).

7 Joggen am Douro-Ufer Eine schöne Joggingstrecke führt auf der Gaia-Seite ab Ponte Louis I. hinter der Portweinkellerei Burmester auf der Rua Cabo Simão █ H6-L6 am Hang entlang. Ab Ponte Infante Dom Henrique geht sie über in ei-

Nostalgische Uferfahrt mit der Tram E1 zum Passeio Alegre

nen schönen Pfad, teilweise mit Eisensteg über dem Fluss. Hinter dem Flussstrand Areinho läuft man unter der Ponte do Freixo hindurch und dann über den selben Weg zurück.

8 Fahrradtour zum edlen Teehaus
Am Douro und Atlantikufer entlang kann man wunderschön nach Leça da Palmeira › S. 123 radeln. Neben Containerhafen und Raffinerien gibt es an der Praia da Boa Nova auch die sternegekrönte Casa de Chá da Boa Nova auf den Felsen neben dem Leuchtturm zu sehen. Das 1963 eingeweihte Teehaus-Restaurant gehört zu den ersten Werken von Stararchitekt Álvaro Siza Vieria (Avenida da Liberdade 1681, Tel. 229940066, www.casadechadaboanova.pt).

9 Canoying im Nationalpark Peneda-Gerês Nur eine Stunde nördlich von Porto beginnt Portugals

einziger Nationalpark, ein Paradies aus Wäldern und Wasserfällen › S. 25. Wer sich schon immer mal einen Wasserfall hinabseilen lassen wollte, kann eine Canyoningtour buchen: Adrenalin pur! (Oporto Adventure Tours, Tel. 915781103, www.oporto-adventuretours.com, Pickup in Porto ca. 8.30 Uhr, 80 €).

... PROBIEREN SOLLTEN

10 Tripas à Moda do Porto Typischer geht es nicht, schließlich werden die Portuenser wegen ihrer Vorliebe sogar *tripeiros* › S. 11 genannt. Die Kutteln werden mit weißen Bohnen in einer säuerlichen Soße zubereitet, berühmt für seine riesige Portionen ist das O Pombeiro (Rua Capitão Pombeiro 218, Tel. 225097446, www.restaurante-pombeiro.com, Mo–Sa 12 bis 23 Uhr).

⓫ Vegetarische Francesinha Sie sind Vegetarier, möchten aber auch mal den Porto-Klassiker mit roter Soße probieren? Im Lado B Café in der Rua de Passos Manuel › S. 70 gibt es neben den herkömmlichen Fleisch-, Wurst- und Schinken-Toasts auch vegetarische und sogar vegane Varianten (Nr. 190–192, Tel. 222014269, www.ladobcafe.pt, Mo–Do 12 bis 23.30, Fr/Sa bis 1 Uhr).

⓬ Gegrillte Sardinen in Matosinhos Wenn es irgendwo frische Sardinen gibt, dann in Matosinhos, und so pilgern Fischfans scharenweise in ihr »Esszimmer« am Atlantik, vor allem in den Sommermonaten. Probieren Sie selbst, z.B. in der Casa Serrão gegenüber dem Jardim Senhor do Padrão › S. 121 (Rua Herois de França 521, Tel. 229387651, https://casa-serrao-restaurante.negocio. site, tgl. 12–23 Uhr).

⓭ Piri-Piri vom Mercado do Bolhão Ihr nächstes Grillhähnchen wird mit den frischen oder getrockneten Chilischoten vom berühmtesten Markt der Stadt › S. 72 gleich doppelt so gut schmecken.

⓮ Cocktail aus Portwein Von wegen angestaubt! Aus Portwein, vor allem dem kühlen White Port, lassen sich köstliche Drinks mixen. Besonders lecker: die Kombination mit Maracuja (»Cruz Passion«) auf der Lounge-Terrasse 360° des Espaço Porto Cruz in Vila Nova de Gaia › S. 126 (Largo Miguel Bombarda 23, Tel. 220925340, www.espacoportocruz.pt, Di–Sa 12.30–24, So 12.30–18.30 Uhr).

⓯ Süßes Klostergebäck In den Klöstern brauchte man früher viel Eiweiß zum Stärken der Schwesternhauben. Aus dem Eigelb zauberten die Nonnen und Mönche himmli-

Echt scharfe Piri-Piri vom Mercado do Bolhão

sche Süßspeisen – von »Himmels-
speck« über »weiche Eier« bis zum
Pudding des »Abt von Priscos«. In
der Monstra Nacional ▮ H4 können
Sie sich durch die süßen Sünden
probieren (Rua dos Caldeireiros 51, Tel.
224082898, Mo–Sa 14–20 Uhr).

16 Kaffee frisch aus der Rösterei
Einfach betörend, dieser Duft nach
frisch geröstetem Kaffee in dem
hippen Rösterei-Café Fábrica Cof-
fee Roasters ▮ G3. Da schmeckt der
Galão gleich noch besser. Auch zum
Mitnehmen (Rua José Falcão 122, www.
fabricacoffeeroasters.com, tgl. 9–18 Uhr).

17 Bacalhau im »Hühnerstall«
Was wäre Portugal ohne Stockfisch?
Zu den typischen Zubereitungsarten mit Rührei und dünnen Kartof-
felchips zählt der *bacalhau à brás*.
Er wird z. B. dienstags im Restaurant A Capoeira unweit der Strand-
promenade serviert › S. 117 in Foz do
Douro ▮ d5 (Esplanada do Castelo 63,
Tel. 226181589, Mo–Sa 12.30–14.30 und 20
bis 23.30 Uhr).

18 Portwein-Eis Sincelo ▮ G3 ist
die berühmteste Eisdiele der Stadt,
natürlich darf dort auch ein Eis aus
dem wichtigsten Exportprodukt der
Stadt nicht fehlen – Gelado do Vinho do Porto (Rua de Ceuta 54, www.
gelatariasincelo.com, tgl. 13–0.30 Uhr).

**19 Käse aus dem ältesten Käse-
laden der Stadt** Schon seit 1928 verkauft die Queijaria Amaral ▮ J4 in
der Baixa Käse aus allen Regionen
des Landes, doch vor allem aus den
Bergen im Norden. Hier werden Sie

Die Kids kümmert es nicht, dass ihr
gefährliches Hobby, Brückenspringen von
der Ponte Dom Luis I., verboten ist

bestens beraten (Rua de Santo Ildefonso
190, Mo–Sa 9–19, So 16–20 Uhr).

20 Moderne Petiscos Die portugiesische Variante der spanischen
Tapas ist ideal für den kleinen Hunger zwischendurch. Köstliche *petiscos* serviert Tapabento › S. 37 (Mo
geschl.).

... BESTAUNEN SOLLTEN

**21 Die Brückenspringer der Pon-
te Dom Luis I.** Da gehört schon eine
ordentliche Portion Mut dazu, um
von den Eisenverstrebungen an der
Brücke › S. 81 in den 15 m tiefer flie-
ßenden Douro zu springen. Doch
die Kids lieben diesen gefährlichen
und illegalen Kick.

**22 Arabische Schriftzeichen im
Börsenpalast** Der Palácio da Bolsa

> S. 78 gilt als brillantestes neomaurisches Stuckwerk Portugals. Im Arabischen Saal ist unzählige Male »Allah ist groß« und »Hoch lebe Königin Dona Maria II.« zu lesen.

23 Mittagskonzert in der Igreja dos Clérigos In der farbenfroh glänzenden Klerikerkirche > S. 89, 91 erklingt täglich um 12 Uhr die barocke Orgel zu einem klassischen Mittagskonzert (Torre & Igreja dos Clérigos, www.torredosclerigos.pt, Programm s. Website unter Events, Eintritt frei).

24 Die geschwungene Treppe in der Livraria Lello An dieser Buchhandlung ist eigentlich alles zu bestaunen, doch ein Highlight ist die rot ausgelegte Holztreppe, die sich nach den ersten Stufen wie eine exotische Blüte öffnet > S. 89.

25 Funicular dos Guindais Dieser Schrägaufzug ist mehr als bloß ein Verkehrsmittel, um die 60 Höhenmeter zwischen Flussufer und Praça da Batalha zu überwinden, es ist eine spannende Fahrt den steilen Hang hinauf – auch wenn es nicht mehr dieselbe Bahn ist wie bei der Jungfernfahrt 1891 > S. 80.

26 Das Köpfen einer Portweinflasche Das muss man mal gesehen haben: Bei besonders alten Flaschen könnte der Korkenzieher den Korken zerbröseln, also greift der Experte zu einer über dem Feuer erhitzten Zange. Nach ein paar Sekunden kippt er Eiswasser über die Flasche und voilà: Der Kälteschock sorgt für einen geraden Schnitt – garantiert ohne Korkreste. Manche Portweinkellereien bieten Führungen mit diesem Erlebnis an, z. B. Taylor's > S. 137.

27 Das Glockenspiel am Eckhaus Mehrmals täglich erklingen an der Ecke Rua Santa Catarina und Rua de Passos Manuel die 18 Glocken: Zu hören ist Bachs H-Moll-Orchestersuite. Passenderweise ist es im Gebäude FNAC mit seiner großen Musikabteilung untergebracht > S. 67 (Rua Santa Catarina 73, Glockenspiel tgl. um 9, 12, 15, 18 und manchmal 21 Uhr).

28 Das mittelalterliche Porto In der Casa do Infante > S. 85 ist ein maßstabsgetreues Modell zu sehen, das Porto im 14. Jh. zeigt, etwa zur Zeit der Geburt von Heinrich dem Seefahrer.

29 Die bunten Säle der Casa da Música Bei einer Führung durch das hochmoderne Musikhaus > S. 106 erfahren Sie, welche Wirkungen die Farben eines Raumes haben: Das Orange der »Sala Laranja« fördert z. B. die Kreativität und die Energie – während das Lila der »Sala Roxa« die während der Konzerte dort betreuten Kinder beruhigt.

30 »Goldige« Kirche Wer ein Faible für Gold hat, findet in so manchen Kirchen Portos prachtvolle Verzierungen. Die talha dourada – also das mit Blattgold verkleidete Schnitzwerk – ist besonders üppig in der Igreja de São Francisco > S. 77, hier sollen um die 300 kg Gold verarbeitet sein.

Zwischen den Shops der Rua de Santa Catarina steht die Capela de Santa Catarina

… MIT NACH HAUSE NEHMEN SOLLTEN

31 **Selbstbemalte Azulejo** Wie man eine Fliese bemalt, lernen Sie bei 1- bis 2-stündigen Workshops, wie sie z. B. das Atelier Gazete ▌K3 Azulejos anbietet. Nach dem Brand können Sie ihr Werk mit nach Hause nehmen (Rua Comandante Rodolfo de Araújo 162, 2°, Tel. 912891581, https://gazete azulejos.com, Kurse: 1 Fliese/1 Std./20 €, oder 2 Fliesen/2 Std./30 €).

32 **Portwein** An diesem Souvenir führt eigentlich kein Weg vorbei. Also auf nach Vila Nova de Gaia, Portwein probieren › S. 130 und ein Fläschchen mitnehmen. Wer nur mit Handgepäck reist, kann den Vinho do Porto auch am Flughafen kaufen.

33 **Plastikhammer der Festas de São João** Sie haben bei den Johan- nisfesten rund um den 24. Juni mit- gefeiert? › S. 59 Dann gehört der bunte Plastikhammer, mit dem man sich gegenseitig liebevoll auf den Kopf haut, als nettes Souvenir ins Reisegepäck. Zu den Festen werden sie überall in der Stadt verkauft.

34 **Trikot des FC Porto** Ein Trikot des FC Porto ist ein prima Mit- bringsel für Fußballfans, schließlich spielt der Erstligaverein ja auch re- gelmäßig in der Champions- oder Europa-League. Ein Store findet sich natürlich am Stadion › S. 52 (und z. B. in der Rua Sá da Bandeira 270, Ecke Rua Formosa, Mo–Sa 10–19, So bis 18 Uhr).

35 **Ein Buch aus der Livraria Lello** Die Anzahlung für das Buch ist ja bereits gemacht, wenn Sie die be- rühmteste Buchhandlung der Stadt › S. 89 besuchen. In den Regalen gibt es auch interessante Bildbände über Porto.

36 **Olivenöl** In Portugal werden köstliche Olivenöle produziert – abgefüllt in teilweise kunstvoll gestaltete Fläschchen – ein ideales Mitbringsel. Ein schöner Laden, in dem Sie die Öle vor dem Kauf auch probieren können, ist Oliva & Co ▮ G5 (Rua Ferreira Borges 60, www.olivaeco.com, Mo–Sa 10.30–18.30 Uhr).

37 **Korktasche** Kein Souvenirgeschäft, in dem inzwischen nicht die typischen Korktaschen verkauft werden – schließlich ist Portugal der wichtigste Korkproduzent der Welt. Stöbern Sie mal nach schicken Etuis und Korktaschen in der Boutique Concept Store ▮ H4 (Rua Mouzinho da Silveira 288, tgl. 10–19 Uhr).

38 **Sardinenkonserven** Auch wenn es im Supermarkt günstigere Fischbüchsen gibt: In der auf Vintage gemachten Casa Oriental ▮ G4 bekommen Sie hübsch gestaltete Sardinendosen, die z. B. mit Jahreszahlen versehen wurden (Campo dos Mártires da Pátria 111, www.casaoriental.pt, tgl. 10–19.30 Uhr).

39 **Foto vom Douro beim Sonnenuntergang** Ein bisschen Romantik muss sein: Gehen Sie zum Passeio das Virtudes › S. 94f., am besten mit einem Gläschen Wein in der Hand, und knipsen Sie Sonnenuntergangsfotos vom Douro – beim Anschauen denken Sie garantiert wehmütig an Ihren Portourlaub zurück.

40 **Ein kostbares Mitbringsel** für Kochfans ist Safran aus der 1926 gegründeten Casa Januário nahe dem Mercado do Bolhão (Rua do Bonjardim 352, www.casajanuario.pt, Mo–Sa 9.30 bis 19 Uhr).

41 **Kunst zum Mitnehmen** In der Rua de Cedofeita und der Rua Miguel Bombarda › S. 54 befinden

Sardinen sind schon allein wegen der hübschen Dosen ein schönes Mitbringsel

sich mehrere Kunstgalerien, in denen auch viele lokale Künstler ihre Werke zeigen. Vielleicht finden Sie ja genau Ihr Bild – es muss auch gar nicht teuer sein.

... BLEIBEN LASSEN SOLLTEN

42 **Mit einem Benfica-Trikot durch Porto laufen** Beim Fußball wird's manchmal ernst, vor allem was die Rivalität zwischen dem FCP (FC Porto) und dem SLB (Benfica Lissabon) angeht. Also besser das Trikot im Hotel lassen!

43 **Behaupten, dass Lissabon schöner sei als Porto** Selbst wenn es Ihnen in Lissabon besser gefallen haben sollte, halten Sie sich mit einem Lob besser zurück. Die Portuenser sind da eindeutig anderer Meinung und könnten sich gekränkt fühlen.

44 **Einen Leihwagen mieten** Wenn Sie nur Porto und nicht das weitere Umland besuchen, brauchen Sie definitiv kein Mietauto. Parken ist teuer, Parkplätze sind rar und zur Rushhour ist überall Stau.

45 **Den Atlantik unterschätzen** Es gibt oft starken Wellengang oder heftige Strömungen. Daher unbedingt auf die Flaggen der Rettungsschwimmer achten, wenn Sie im Sommer baden gehen: Bei grüner Flagge ist alles bestens, bei gelber ist Vorsicht geboten und bei roter Flagge ist Baden verboten.

46 **Getrennt zahlen** Die Portugiesen sind da ganz unkompliziert, wenn sie in größeren Gruppen essen gehen: Am Ende wird die Rechnung einfach durch alle geteilt. Am besten machen Sie es genauso. Und wenn es wirklich mal getrennt sein soll, sagen Sie es dem Kellner beim Bestellen der Rechnung.

47 **Mit Stöckelschuhen durch die Altstadt** Es geht ordentlich auf und ab in Portos Altstadt – auf all den Treppchen und auf dem Kopfsteinpflaster sollten Sie die bequemsten Schuhe tragen, die Sie haben.

48 **In der Noite de São João ein Zimmer nach vorn buchen** Wenn Sie vorhaben, in der Nacht vom 23. auf den 24. Juni zu schlafen, buchen Sie ein Zimmer nach hinten, sofern Ihr Hotel im Zentrum liegt. In dieser Nacht wird bis zum Morgen gefeiert.

49 **»Gracias« sagen** Die Portugiesen verstehen sehr wohl Spanisch, doch sie freuen sich, wenn man sie nicht als Spanier behandelt. Sagen Sie besser *obrigado* (als Mann) bzw. *obrigada* (als Frau), wenn Sie sich bedanken wollen.

50 **In der Altstadt Tretroller fahren** Auch in Porto stehen (und liegen) überall elektrische Tretroller *(trotinetes)*. Gut in den modernen Stadtteilen, doch in den steilen Altstadtvierteln wird es schwierig: zu enge und abschüssige Gassen, zu viele Fußgänger, bei Regen zu rutschig – besser laufen!

Geschichtsstunde auf 20 000 Azulejos
im Bahnhof São Bento

REISEPLANUNG
& ADRESSEN

DIE STADTVIERTEL IM ÜBERBLICK

Administrativ teilt man Portos Stadtviertel nach *freguesias*. Einige der elf Gemeinden wurden vor ein paar Jahren zusammengelegt, jetzt sind es noch sieben. Allerdings gebrauchen die Portuenser diese Ortsbezeichnungen eher selten. Meist haben sich Begriffe wie »Baixa« oder »Ribeira« eingebürgert.

DIE BAIXA

Portos Baixa ist keine Unterstadt: Im Gegensatz zur Lissabonner Baixa erstreckt sie sich wie ein langgezogener Streifen über die Anhöhen oberhalb des Ribeiraviertels. Zwischen den Künstlerstraßen von Cedofeita und dem Univiertel, zwischen der Klerikerkirche, dem Ausgehviertel »Galerias« und der Avenida dos Aliados, von der Rua das Flores über den Bahnhof São Bento und die Praça da Batalha bis zum Mercado do Bolhão – all das bezeichnen die Portuenser als ihre »Baixa«. Hier wird studiert und gefeiert, geshoppt und flaniert, ausgegangen und gearbeitet, und trotz aller Verdrängungen durch Hotels und Ferienwohnungen gibt es immer noch Portuenser, die hier in zentralster Lage leben.

BAIRRO DA SÉ

An den Westhang des Kathedralenhügels schmiegt sich das kleine, mittelalterliche Bairro da Sé (Kathedralenviertel). Lange als sozialer Brennpunkt mit Drogenproblemen und Prostitution gefürchtet, hat es sich in den letzten Jahren stark gewandelt. Nun schlendern tagtäglich Touristen durch die schmalen Gassen und über die steilen Treppchen – ganz entzückt von den pittoresken, auf Granit gebauten Häusern. Auch ein paar kleine Lokale haben sich angesiedelt, als No-Go-Area gilt das Viertel glücklicherweise nicht mehr.

DIE RIBEIRA

Südlich der Rua do Infante Dom Henrique geht es malerisch weiter: Das Flussufer (Ribeira) ist das Aushängeschild und Postkartenmotiv der Stadt. Das kleine Viertel erstreckt sich etwa vom Börsenpalast bis zur Ponte Dom Luis I., es wimmelt von Touristen, Lokalen und Souvenirständen. In der ersten Reihe hat man die spektakuläre Aussicht über den Fluss, in den hinteren Gässchen geht es oft schon wieder ruhiger zu.

FONTAÍNHAS, BONFIM UND CAMPANHÃ

Die Viertel östlich der Altstadt liegen abseits der klassischen Touristenrouten, dementsprechend authentisch geht es hier noch in vielen Straßenzügen und Lokalen zu. Herrliche Aussicht über die Douro-Brücken haben die Anwohner des **Fontaínhas**-Viertels › S. 98 in Nachbarschaft zum größten und

Im Teehaus Rota Do Chá in der Rua de Miguel Bombarda

ältesten Stadtfriedhof Cemitério do Prado do Repouso, hier finden sich oberhalb des Flusses auch einige günstige Cafés und Tascas. Gleiches gilt für die Gegend nahe beim Bahnhof **Campanhã**. Auch so manche architektonische Schätze aus dem 19. Jh. gibt es entlang der Hausfassaden von **Bonfim** zu bewundern – die typische Mischung aus Granit, Eisenverzierungen und Azulejos.

MIRAGAIA, MASSARELOS UND ARRÁBIDA

Westlich der Ribeira schließt sich **Miragaia** an, das Viertel, von wo aus man »auf Gaia schaut«. Seit dem Bau des monströsen Zollgebäudes Mitte des 19. Jhs. ist der Blick zwar für viele versperrt, sein Flair von damals hat sich das Viertel zwischen den Hängen des Jardins do Palácio do Cristal und der Igreja da Vitória jedoch bewahrt. Apropos Garten: Mit dem Hangpark »Jardim das Virtudes« bietet es eine ruhige, grüne Oase, in die sich kaum jemand verirrt. Oberhalb des Hangs befinden sich Einrichtungen wie das Hospital de Santo António, das Nationalmuseum Soares dos Reis und weitere Unigebäude.

Gleich im Anschluss beginnt Richtung Westen **Massarelos,** dessen Herzstück die gleichnamige Kirche unterhalb der Parkanlage Jardins do Palácio de Cristal ist. Noch etwas weiter westlich, gut zu erkennen an der Ponte de Arrábida, erstreckt sich das Viertel **Arrábida** mit seinen modernen Fakultäten (wie z. B. der Architekturfakultät), dem Botanischen Garten und vielen, vor allem bei Studenten beliebten Cafés.

BOAVISTA UND SERRALVES

An der Rotunda da Boavista brummt nicht nur der Verkehr, sondern auch das Leben. Die in einen Foodtempel und Hotel verwandelte Markthalle Mercado do Bom Sucesso füllt sich jeden Abend mit späten Marktbesuchern. Moderne Hotels beherbergen Geschäftsleute und Reisegruppen, viele Lokale und Cafés – und natürlich die grandiose Casa da Música, das futuristischste Konzertgebäude des Landes, locken Schlemmer und Kulturbegeisterte nach Boavista. Das Viertel präsentiert Portos moderne Seite, vor allem entlang der schnurgeraden Avenida da Boavista, über die man direkt zum Atlantik gelangt. Hier haben sich viele Bürogebäude und Firmenniederlassungen angesiedelt. Etwas südlich dieser Avenida erstreckt sich in einem Villenviertel das Gelände der Serralves-Stiftung mit dem herausragenden Museu de Arte Contemporânea (Museum für zeitgenössische Kunst) und seinem herrlichen Garten.

FOZ DO DOURO

Während sich durch den alten Ortskern von Foz (Mündung) noch ein paar lauschige Altstadtgässchen ziehen, besteht ein Großteil dieses westlichsten Viertels der Stadt aus Villen und Wohnungen der Bessergestellten. Sie sind schnell am Douro, um dort durch die Parkanlagen am Ufer zu spazieren, oder an der Atlantikpromenade zu flanieren. Den Ruf als mondäner Badevorort hat sich Foz bewahrt, ebenso gut ist der Ruf vieler Lokale, die sich hier angesiedelt haben. So wie bereits im 19. Jh. schätzen es auch heute

Das ultramoderne Konzertgebäude der Casa da Música

manche Urlauber, nahe der frischen Atlantikluft untergebracht zu sein. Mit Bussen oder der historischen Straßenbahn kommt man dennoch schnell in die Innenstadt.

MATOSINHOS

Die Nachbarstadt Matosinhos ist mit Porto zusammengewachsen. Sie steht für den Hafenbetrieb der Metropolregion Porto – hier befindet sich am Rio Leças der große Containerhafen Porto de Leixões, der wichtigste Seetransportumschlagsplatz des Landes. Nahe des Fischereihafens reihen sich die Fischrestaurants. Frischeren gegrillten Fisch wird man wohl nirgendwo finden. Gleich nebenan erhebt sich seit 2015 das futuristische Kreuzfahrtterminal – ein architektonisches Meisterstück. Apropos Architektur: Álvaro Siza Viera, einer der berühmtesten Architekten des Landes, stammt aus Matosinhos, und natürlich hat er auch hier ein paar Spuren hinterlassen. Mit seiner Geschichte und anderen Architekturthemen beschäftigt sich die sehenswerte Casa da Arquitectura.

Und dann ist da natürlich noch das Meer. Portos Baderevier ist vor allem der langgezogene Strand von Matosinhos, im Sommer füllt er sich mit Familien und Urlaubern, im Winter steht er bei den Surfern hoch im Kurs.

VILA NOVA DE GAIA

Südlich des Douro liegt die Nachbarstadt Vila Nova de Gaia. Sie ist für ihre Portweinkellereien berühmt, die sich entlang der Hänge am Ufer reihen. Oberhalb thront das mächtige Mosteiro da Serra do Pilar mit seiner fantastischen Aussicht auf Porto. Weiter südlich wird Gaia moderner und urbaner. Von seiner beschaulichen Seite zeigt sich das Viertel São Pedro de Afurada westlich der Innenstadt. Das alte Fischerviertel hat sich seine Ursprünglichkeit zum Teil bewahrt – trotz der modernen Douro Marina, dem wichtigsten Jachthafen am Douro. In Afurada findet man noch urige Restaurants. Noch weiter westlich erstreckt sich das Naturschutzgebiet Estuário do Douro, und dahinter beginnt der Atlantik mit seinen Stränden, Strandlokalen und einem attraktiven Fahrradweg.

PORTOS UMLAND

Wer länger Zeit hat und mobil ist, findet in der näheren und weiteren Umgebung abwechslungsreiche Ziele für Tagesausflüge. Spannende Städte nördlich von Porto wollen entdeckt werden, allen voran **Braga** und **Guimarães**. Etwas weiter nordöstlich erstreckt sich der **Nationalpark Peneda-Gerês** mit seinen Wanderwegen, Wasserfällen und Wäldern › mehr S. 13 Punkt ❾. Flussaufwärts beginnt etwa bei Mesão Frio das von der UNESCO zum Welterbe erklärte Weinanbaugebiet **Alto Douro**. Hier wächst auf steilen Schieferhängen der Portwein und andere Douro-Weine – ein Paradies für alle, die Wein und schöne Landschaften lieben.

KLIMA & REISEZEIT

Wer die Wahl hat und kein allzu großes Faible für einen verregneten Städtetrip in eine nebelverhangene Atlantikstadt, der sollte die Wintermonate zwischen November und Februar eher vermeiden.

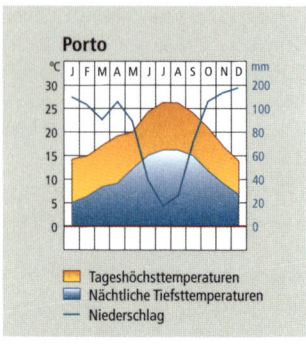

Natürlich kann es auch im Winter mal klare und sonnige Tage geben (dann allerdings häufig mit Temperaturen unter 10 °C), aber Porto ist im Sonnenschein eindeutig schöner. Die klassischen Städtereisemonate Mai und September sind auch in Porto beliebt, dementsprechend voll wird es dann an den Touristenhotspots. Zwischen Mai und Juli locken mehrere Musikfestivals, und auch die Stadtfeste rund um die Johannisnacht am 24. Juni sorgen für volle Hotels – auch wenn in dieser Nacht eh niemand schläft. Im August und September sind die Atlantikstrände am attraktivsten, das Wasser erwärmt sich dann auf (immer noch frische) 18 °C. Im Hochsommer klettert die durchschnittliche Temperatur bis auf 25 °C, dann kann ein Sprung in den Atlantik sogar eine willkommene Abkühlung bringen. Zur Weinlesezeit im Spätsommer lohnt sich zudem ein Ausflug in die Weinregionen im Umland. Und wenn es doch ein Winterurlaub werden soll: Wie wäre es mit Silvester in Porto mit spektakulärem Feuerwerk auf der Avenida dos Aliados?

ANREISE

MIT DEM FLUGZEUG

Portos Flughafen Aeroporto Francisco Sá Carneiro (www.ana.pt) liegt etwa 12 km nördlich der Innenstadt, er ist nach Lissabon der zweitgrößte Airport Portugals und fertigt rund 12 Mio. Passagiere im Jahr ab (Stand: 2019). Er wird angeflogen von **TAP Portugal, Lufthansa** und **Swiss,** aber auch von Billigfluglinien wie **Ryanair** und **Easyjet.** Vom Flughafen in die Stadt fährt man am besten mit der Metro (von 6 bis 0.30 Uhr), es gilt die Preiszone Z 4 (2 €, Stand: Nov. 2019). Alternativ verkehren zum gleichen Preis die Stadtbusse Nr. 601 und Nr. 602 zwischen der Cordoaria und dem Flughafen (5.30 bis 0.30 Uhr). Nachts (0.30 bis 5.30 Uhr) kann man den stündlich fahrenden Bus Nr. 3 M nehmen, er fährt zur Avenida dos Aliados. Ein Taxi in die Innenstadt kostet je nach Uhrzeit zwischen 20 und 35 €.

MIT BAHN, BUS ODER SCHIFF

Portugalurlauber, die im Land unterwegs sind, erreichen Porto am besten per Bahn (www.cp.pt) oder Überlandbus (www.rede-expressos.pt). Mit dem Zug ist man von Lissabon nach Porto im Schnitt drei Stunden unterwegs (ab 25 €). Züge halten am Fernbahnhof Campanhã, wer zum Innenstadtbahnhof São Bento möchte, muss dort umsteigen. Überlandbusse brauchen mindestens 3,5 Stunden und kosten rund 20 €. Sie halten nahe der Praça da Batalha.

Zug- oder Busreisen ab Mitteleuropa nach Porto (z. B. mit Flixbus oder Eurolines) lohnen sich weder finanziell noch zeitlich.

Im Rahmen einer Kreuzfahrt laufen manche Schiffe auch das moderne Kreuzfahrtterminal von Matosinhos an. Von hier gelangt man mit Bus Nr. 500 oder Nr. 502 schnell ins Zentrum.

MIT DEM AUTO

Wer auf einem längeren Roadtrip über die iberische Halbinsel ist, kommt vielleicht mit dem Auto oder Wohnmobil nach Porto. Bei letzterem empfiehlt sich ein Campingplatz, um einen sicheren Stellplatz zu finden. Auch mit dem PKW sollte man unbedingt ein Hotel mit Parkmöglichkeit buchen – Parken in der Stadt ist teuer und Parkplätze sind rar.

STADTVERKEHR

ÖFFENTLICHE VERKEHRSMITTEL

Ein relativ dichtes Netz aus Bussen, Straßenbahnen und U-Bahnen deckt fast alle Ecken der Stadt und des näheren Umlands ab. Die Stadtbusse und die drei historischen Straßenbahnlinien werden von STCP (www.stcp.pt) betrieben, U-Bahnen von Metro do Porto (www.metrodoporto.pt). Die 2002 eingeweihte Metro verläuft außer im Zentrum meist überirdisch, insgesamt sind zwischen 6 und 1 Uhr sechs farblich unterschiedene Linien (A–F) unterwegs. Die Metro-Firma betreibt zudem die Zahnradbahn Funicular dos Guindais, hier kostet das Ticket 2,50 €. Einzelfahrscheine in den historischen Straßenbahnen kosten 3,50 €, im Bus 2 €. Zur Nutzung der Metro benötigt man das Ticket **Cartão Andante** (www.linhandante.com). Die Karte selbst ist 0,60 € wert und kann ein Jahr lang mit Einfach-, Mehrfach oder 24-Stunden-Tickets für die gewünschten Zonen aufgeladen werden, z. B. an den Fahrkartenautomaten in den Metro-Stationen, in den Verkaufsstellen Loja Andante oder in der Loja da Mobilidade im Bahnhof São

Bento. Ein für Touristen attraktives Ticket nennt sich **Andante Tour 1,** es kostet 7 € und gilt für 24 Stunden ab der ersten Entwertung in allen Bussen und U-Bahnen. **Andante Tour 3** kostet 15 € und gilt für 72 Stunden › S. 154. Diese Tickets gelten bis Zone Z4, also bis zum Flughafen, sind aber nicht wieder aufladbar.

TAXI

Taxifahren ist in Portugal noch recht erschwinglich, im Schnitt kostet ein Kilometer etwa 0,50 €. Gepäck wird pro Fahrt mit 1,60 € extra berechnet, nachts und am Wochenende sowie bei einem vorbestellen Taxi (z. B. Tel. 225076400) kommen Zuschläge hinzu. Taxis stehen an den Taxiständen (Praças de Taxi), z. B. an der Praça da Liberdade oder in der Rua do Infante Dom Henrique nahe der Ribeira, können aber auch per Handzeichen herbeigewunken werden.

AUTO

Mit dem eigenen Auto oder dem Mietwagen kann man in Porto höchstens etwas anfangen, wenn man sich auf Ausflüge ins nähere oder weitere Umland begibt – in der Stadt selbst ist ein Pkw nur hinderlich. Parkplätze sind rar und teuer, der Stadtverkehr oft nervenaufreibend.

FAHRRAD

Wer sich nicht scheut, auf und ab zu radeln, kann in Porto auch Fahrrad fahren – allerdings steckt das Radwegnetz noch sehr in den Kinderschuhen. Am schönsten (und flachsten!) ist es am Douro- und Atlantikufer. Gute Räder verleiht z. B. Velurb (Mo–Sa 9.30–19.30 Uhr, Rua Fernandes Tomás 259 oder Rua de Cedofeita 451, ab 12 €/Tag).

RUNDFAHRTEN & RUNDGÄNGE

STADTRUNDFAHRTEN MIT DEM BUS

Bequem mit dem Panoramabus durch Porto, Matosinhos und Vila Nova de Gaia fahren, dabei per Audioguide alles Wissenswerte über die Sehenswürdigkeiten erfahren – die Hop-On-Hop-Off-Tour »Porto Vintage« von **Yellowtours** bietet einen guten ersten Überblick. Einsteigen können Sie z. B. an der Praça da Liberdade (www.yellowbustours.com, tgl. 9–18, im Winter bis 17.30 Uhr, Ticket 16 €/2 Tage, online etwas günstiger).

Ein ähnliches Programm bietet **Douro Acima** mit der »Red Line« (Porto und Matosinhos) bzw. »Blue Line« (Porto und Vila Nova de Gaia), im Kombiticket ist sogar noch eine Bootsfahrt über den Douro dabei (www.douro acima.pt, 25 €, ansonsten 18 €/Tag, 20 €/2 Tage).

Fast schon kitschig wirkt Porto im Sonnununtergangslicht

BOOTSFAHRTEN

Die knapp einstündigen Bootsfahrten über den Douro beginnen am **Cais da Ribeira** oder seltener auch am Kai von Vila Nova de Gaia. Der Preis für die **6-Brücken-Tour** beträgt bei allen Veranstaltern 15 € (z. B. Tomaz do Douro, tomazdodouro.pt, tgl. 10–18.30, im Winter bis 16.30 Uhr).

RADTOUREN

Geführte Fahrradtouren haben den Vorteil, viele Stadtviertel in kurzer Zeit kennenzulernen – und bei der E-Bike-Version auch ohne allzu sehr aus der Puste zu kommen. Bluedragon bietet z. B. geführte E-Bike-Touren (blue dragon.pt, ab 31 €), bei der 3-stündigen Rundfahrt mit Bike Tours Porto wird auf normalen Rädern gefahren (www.biketoursporto.com, 25 €).

STADTRUNDGÄNGE

Sehr persönliche **Stadtspaziergänge** (auf Deutsch) bietet Nicolas von Porto Entdecken (www.portoentdecken.com, ab 21 €). Er lebt seit einigen Jahren in Porto und hat neben seiner 2- oder 3,5-stündigen Zentrumstour auch thematische Führungen wie z. B. eine Fußballtour oder eine Azulejo-Tour im Angebot.

Sogenannte **Free Tours** (englischsprachig, auf Trinkgeldbasis) kann man mit den Porto Walkers (www.portowalkers.pt) unternehmen, sie starten täglich um 10.45 bzw. um 15.30 Uhr an der Statue Dom Pedro IV. auf der Praça da Liberdade.

DIE STADTVERBESSERER

Mal einen anderen Blick auf Porto erhält man bei einer Stadtführung mit The Worst Tours

Margarida, Isabel und Pedro haben eine Vision: Ihre Stadt soll sich so entwickeln, dass sie auch für ihre Bewohner lebenswert bleibt – und nicht nur für Touristen, Spekulanten und Immobilienkonzerne. Die drei Absolventen der berühmten Architekturfakultät von Porto lernten sich 2010 kennen, doch nicht etwa in einem schicken Architekturbüro, sondern in der Aktivistenszene. Es war Krisenzeit in Portugal. Margarida jobbte in einem Restaurant, Isabel im Callcenter und Pedro verteilte Werbeprospekte. Sie kämpften für Wohnraum und für ihre Zukunft, sie gingen auf die Straße, engagierten sich in alternativen Kunstprojekten, doch eine Anstellung in ihrem erlernten Beruf fanden sie nicht.

Eines Abends saßen sie zusammen und diskutierten wie so oft über die Zustände in der Stadt: über das gewaltsam geräumte Kultur- und Bildungsprojekt »es.col.a« in einer verlassenen Grundschule, über die vielen Ruinen und Brachflächen zwischen den Häusern, über verpasste Chancen zur nachhaltigen Stadtentwicklung. Und plötzlich hatten sie die Idee, dass man andere Menschen auf all diese Orte (und Missstände) aufmerksam machen könnte.

So begannen sie 2012, interessierten Besuchern ihre Stadt zu zeigen. Eine Bezahlung möchten sie dafür nicht – sie sehen sich eher als Aktivisten denn als Stadtführer. Damit alles seine Ordnung hat, gründeten sie einen Verein. Wer diesen nach einer Tour mit einer Spende unterstützt, bekommt eine (von Margarida kunstvoll gestaltete)

Quittung. Aus den Spendengeldern für die »Associação de Defesa do Património Cultural, Arquitectónico, Urbanístico e Artístico« können Margarida und Pedro, die inzwischen hauptberuflich mit ihren »The Worst Tours« unterwegs sind, ihren Lebensunterhalt bestreiten. Von Einheimischen, die sie explizit zu ihren Touren einladen, nehmen sie kategorisch keinen Pfennig – gerade ihnen möchten sie schließlich zeigen, was in Porto passiert, wo es hakt und welches Potenzial die Stadt hat. Selbst eingefleischte Portuenser, die glauben, alles zu kennen, sind überrascht von dem, was sie auf einer Tour sehen.

Am liebsten sind ihnen bunt zusammengewürfelte Gruppen: Leute aus dem Viertel nebenan, Portugiesen aus anderen Teilen des Landes und Touristen aus aller Welt – so entsteht ein spannender Austausch, bei dem sich auch die Gäste gegenseitig bereichern. Bevor es losgeht mit dem rund 4-stündigen Stadtrundgang (bei dem übrigens ein großer Bogen um die »Zoombox« auf dem Stadtplan, also die stark von Touristen frequentierten Altstadtviertel, gemacht wird), klopfen sie erstmal ab, was die Gäste interessiert: Soziale und politische Fragen, urbanistische Zusammenhänge, architektonische Details? So entsteht spontan eine Route, die die kleine Gruppe in Ecken führt, die sie sonst wohl nie entdeckt hätte.

Man erfährt, wieso es zwischen den Ausfallstraßen riesige Brachflächen gibt, auf denen alte Fabriken und Manufakturen vor sich hin verrotten, während die Politik die explodierenden Immobilienpreise mit Platz- und Wohnungsmangel rechtfertigt. Man lernt die *ilhas* kennen: winzige, inselartige Hinterhofsiedlungen, in denen einst die Arbeiter der Fabriken lebten. Man streift durch Sozialviertel und vorbei an überdimensionierten Shoppingcenter-Ruinen, über einen kunstvoll gestalteten Friedhof und über eine stillgelegte und verwilderte Bahntrasse hoch über dem Douro, aus der man mit wenig Aufwand, aber etwas politischem Willen einen fantastischen Fahrradweg vom Osten der Stadt ins Zentrum zaubern könnte. Die Zukunft Portos liegt im Osten, sagen sie, hier ist das größte Potenzial, aus halbverfallenen Häusern wieder bezahlbaren Wohnraum zu schaffen.

Regelmäßig taucht die Frage auf: Was hat die Stadt vor? Will sie sich wirklich nur auf den Tourismus konzentrieren und (zum Teil mit öffentlichen Geldern) alte Gebäude in Hotels verwandeln? Warum wird kaum noch etwas produziert? Wovon sollen die Portuenser leben, wenn der Tourismusboom vielleicht eines Tages vorbei ist?

Ein erster Schritt ist getan: Menschen aus aller Welt blicken hinter die Kulissen des Vorzeige-Portos und bringen damit Licht und Hoffnung in die weniger herausgeputzten, aber für das echte Stadtleben bedeutsamen Viertel.

- The Worst Tours
  theworsttours.weebly.com
  Kontaktaufnahme und Tourbuchungen:
  theworsttours@gmail.com

SPORT & AKTIVITÄTEN

Wer sich sportlich betätigen möchte, braucht in Porto eigentlich nur einen Altstadtspaziergang zu machen – bei den Hügeln kommt man vor allem im Sommer bereits ins Schwitzen. Wer mehr Bewegung sucht, geht einfach joggen oder Rad fahren. Doch es gibt noch mehr.

WASSERSPORT

Der Strand von Matosinhos ist ideal für Wellenreiter. Wer es lernen möchte oder die Atlantikwellen testen möchte, kann z.B. bei **Surfaventura** (surfaventura.com) an der Praia de Matosinhos einen Kurs belegen oder Material ausleihen. Kajak- oder SUP-Unterricht (ab 20 €) sowie Touren mit dem Kajak oder dem Stand-Up-Board über den Douro (ab 30 €) bietet die **Douro Academy** in der Marina von São Pedro de Afurada (www.douroacademy.com).

GOLF

Portugal ist ein Land mit unzähligen Golfplätzen, auch in der Region Porto kann man den Schläger schwingen. Ein Golfplatz für unterschiedliche Schwierigkeitsgrade ist die **Quinta do Fojo** in Canidelo mit angenehmem Restaurant (Vila Nova de Gaia, www.golfojo.com, Greenfee 18 Loch: 20 €).

Surferglück an der Praia de Matosinhos

UNTERKUNFT

In den letzten Jahren entstanden im Zentrum Portos viele charmante Boutiquehotels, oftmals in altehrwürdigen Gemäuern. Große, moderne Hotels befinden sich eher außerhalb der Altstadt, vor allem in den Stadtteilen Boavista und Lordelo do Ouro, aber auch am Campo 24 de Agosto.

Wer lieber in einer Ferienwohnung, als in einem Hotel übernachtet, findet auf den einschlägigen Plattformen inzwischen eine riesige Auswahl – oft zum Leidwesen der Portuenser, die dafür in vielen Fällen aus ihren Wohnungen verdrängt werden. In der folgenden Auswahl, in der für jeden Geschmack und jeden Geldbeutel etwas dabei ist, werden Ferienwohnungen *(alojamento local)* nicht berücksichtigt, weitere Hotels und Pensionen finden Sie über das Internet. Es empfiehlt sich immer, die Unterkunft im Voraus zu buchen, vor allem zu den Stadtfesten Ende Juni sind viele Hotels ausgebucht. In den Wintermonaten gibt es häufig Ermäßigungen.

IN DER ALTSTADT

PortoBay Flores €€€ 🏨 G5
Der renovierte Stadtpalast aus dem 16. Jh. punktet mit viel Geschichte, Glamour und Granit.
• Rua das Flores 27 | Ⓜ São Bento
  Tel. 220047000
  www.portobay.com/en/hotels/
  porto-hotels/portobay-flores

Infante Sagres €€€ 🏨 G3/H4
Die Grande Dame unter den Hotellegenden. Hier wohnt man luxuriös, elegant und zentral seit über sechs Jahrzehnten.
• Praça D. Filipa de Lencastre 62
  Ⓜ Aliados | Tel. 223398500
  www.infantesagres.com

Porto A.S. 1829 €€ 🏨 G5
Das altehrwürdige Gebäude von 1829 beherbergt Gäste in kleinen, aber feinen Zimmern in bester Zentrumslage.
• Largo São Domingos 45–55
  Ⓜ São Bento | Tel. 223402740
  https://as1829.luxhotels.pt

Moov Hotel Porto Centro € 🏨 J4
Hinter der historischen Art-déco-Fassade des ehemaligen Kinos Águia d'Ouro ist ein modernes Stadthotel entstanden.
• Praça da Batalha 32 | Ⓜ Bolhão
  Tel. 22040700 | https://hotelmoov.com/
  hoteis/porto/

Bluesock Hostel € 🏨 G5
Das moderne Hostel bietet günstige Unterkunft in klimatisierten Mehrbett- und Doppelzimmern – und das direkt an der Ribeira.
• Rua de São João 40 | Ⓜ São Bento
  Tel. 227664171
  www.bluesockhostels.com/hostel-porto

AUSSERHALB DER ALTSTADT
Vila Foz Hotel & Spa €€€ 🏨 b3
Design-Fans gehen in dem stylischen Haus auf eine avantgardistische Zeitreise in die Bourgeoisie des 19. Jhs. – mit Atlantikblick und mit sehr viel Stil.
• Av. de Montevideu 236 | Foz do Douro
  Tel. 222449700 | www.vilafozhotel.pt

HOTELS MIT GESCHICHTE

- **Pão de Açucar** € H3
  Nostalgie pur! In dem Art-déco-Gebäude von 1958 schmücken über 500 automobilistische Objekte die Zimmer und Flure.
  Rua do Almada 262 | Ⓜ Aliados
  Tel. 222002425
  paodeacucarhotel.pt
- **Grande Hotel do Porto** €€
  Fürstliches Flair und stilvolles Interieur umgibt die Gäste in dem exquisiten Hotel von 1880.
  > S. 71
- **PortoBay Teatro** €€ ▌ H4
  1888 brannte das 30 Jahre zuvor gebaute Teatro Baquet ab, über 120 Jahre später eröffnete an gleicher Stelle das düster-durchgestylte Theaterhotel.
  Rua de Sá da Bandeira 84
  Ⓜ São Bento | Tel. 220409620
  www.portobay.com/pt/hoteis/hoteis-porto/portobay-hotel-teatro
- **Palácio do Freixo** €€€
  Am Douro-Ufer außerhalb der Stadt baute Nicolau Nasoni Mitte des 18. Jhs. für den Domherr Jerónimo de Távora e Noronha dieses barocke Prachtstück. Heute ist der Palast eine edle Pousada.
  EN108 Nr. 206 | Tel. 225311000
  www.pousadapalaciodofreixo.com
- **Palácio das Cardosas** €€€
  Heute das luxuriöse InterContinental, vor über 500 Jahren ein Konvent – das klassizistische Gebäude, in dieser Form aus dem 19. Jh., atmet Geschichte! > S. 67

Hotel da Música €€ ▌ D1
Das Designhotel nahe der Casa da Música und direkt im Gebäude der Gourmetkonzept-Markthalle Mercado do Bom Sucesso, es ist auch lizensiert für koschere Küche.
- Largo Ferreira Lapa 21–183
  Ⓜ Casa da Música | Tel. 226076000
  www.hoteldamusica.com

The Artist Porto Hotel & Bistro €€ ▌ K3
In einer ehemaligen Hutfabrik und Kunstschule hat das an die Hotelfachschule angeschlossene Boutiquehotel mit hervorragendem Restaurant und motivierten Berufsschülern sein Domizil.
- Rua da Firmeza 49 | Ⓜ 24 de Agosto
  Tel. 220132700
  www.shotelscollection.com/the-artist

O'Porto Seven € ▌ E1
- Das gepflegte, familiäre Gästehaus liegt nahe der Rotunda da Boavista und bietet sieben Zimmer mit reichhaltigem Frühstück.
- Rua Oliveira Monteiro 581
  Ⓜ Casa da Música | Tel. 226092338
  www.oportoseven.pt

Gallery Hostel € ▌ F3
Das Haus in Portos Galerienstraße versteht sich als Luxushostel, das sich der Kunst verschrieben hat – mit Doppel- und Mehrbettzimmern, eigenen Kunst-Events und Ausstellungen.
- Rua Miguel Bombarda 222 | Ⓜ Irindade
  Tel. 224964313 | www.gallery-hostel.com

IN MATOSINHOS
Casa Godinho € ▌ e4
Liebevoll restauriertes Stadthaus von 1937 mit fünf individuell gestalteten Zimmern.
- Rua do Godinho 222 | Ⓜ Brito Capelo
  Tel. 965466040 | www.casagodinho.pt

O Valentim Hotel €–€€ 🛏 d3

In Strand- und Fischereihafennähe bietet
das Hotel zehn moderne, freundliche Zimmer mit guter Metroanbindung nach Porto.

• Rua Gago Coutinho 11 | Ⓜ Brito Capelo
Tel. 224053781
http://ovalentim.com

IN VILA NOVA DE GAIA

The Yeatman €€€

Das elegante Spitzenhotel punktet mit
grandioser Aussicht, stilvollem Gourmet-
restaurant, Weinbar und Spa.

• Rua do Choupelo | Ⓜ General Torres
Tel. 220133100
www.the-yeatman-hotel.com

Boeira Garden Hotel €€€

Zwischen Natur und Stadt, Wein und Kunst
bietet das neu eröffnete Boutiquehotel
stilvolle Zimmer, Dachterrasse, Spa und
eigene Kunstgalerie.

• Rua Teixeira Lopes 114
Ⓜ Câmara de Gaia
Tel. 227668000
www.hilton.com

ESSEN & TRINKEN

**In Portugal ist man sich einig: Im Norden des Landes und insbesondere
in Porto kann man hervorragend essen. Was die Portugiesen dabei besonders mögen, sind die großzügigen Portionen, die deftigen Fleisch-
gerichte und die frischen Fischzubereitungen.**

Inzwischen haben sich zwischen die unzähligen *tascas* (einfache Lokale mit
ehrlicher Küche) auch einige Gourmettempel und international angehauchte Restaurants gemischt, besonders in touristischen Gegenden ist es nun
sogar schwierig, noch eine *tasca* zu finden. Dafür brauchen sich Vegetarier
heutzutage aber auch nicht mehr nur von Beilagen und Salaten ernähren.
Wer die typische, lokale Küche nicht scheut, sollte auf jeden Fall mal das
Nationalgericht *bacalhau* (Stockfisch) probieren. Frischer Fisch wird meist
vom Holzkohlegrill genossen. Unerschrockene wagen sich vielleicht sogar
an Portuenser Spezialitäten wie *tripas* (Kutteln) und *francesinha* (Fleisch-
Wurst-Käse-Toast mit spezieller Soße). Gemüse findet man vorzugsweise in
Form von Suppen – ansonsten fristet es meist nur ein dekoratives Schattendasein auf den von Fisch, Fleisch, Pommes, Kartoffeln und Reis dominier-
ten Tellern.

Viele Restaurants bieten mittags (zwischen 12 und 14.30 Uhr) einen
günstigen *Prato do dia* (Tagesgericht) an. Wer nicht so viel Hunger hat, ist
vielleicht auch mit ein paar *petiscos* (die portugiesische Version von Tapas)
zufrieden – es gibt zahlreiche auf *petiscos* spezialisierte Lokale. Am Abend
füllen sich die Restaurants ab etwa 20 Uhr mit Einheimischen, wer eine hal-
be Stunde vorher kommt, findet in manchen Lokalen auch ohne Reservierung noch einen Tisch.

Chefkoch Rui Paula in seinem sternegekrönten Restaurant DOP

GEHOBENE KÜCHE

DOP €€€ ▮ G5

Chefkoch Rui Paula zaubert im einstigen Dominikanerkloster Kreatives aus Omas Traditionsrezepten, sein Motto »DOP« bedeutet *Degustar e Ousar no Porto* (Probieren und genießen in Porto).

- Largo São Domingos 18
  Tel. 222014313 | www.doprestaurante.pt
  Di–Sa 12.30–15.30 und 19.30–22.30 Uhr,
  Mo nur abends

Pedro Lemos €€€ ▮ d5

Portos erster Sternekoch kreiert saisonale Degustationsmenüs in einem Steinhaus mit Dachterrasse nahe der Douro-Mündung.

- Rua Padre Luís Cabral 974
  Foz do Douro | Tel. 220115986
  www.pedrolemos.net
  Di–Sa 12.30–15 und 19.30–23 Uhr

Antiqvvm €€€ ▮ D4

Der Michelinstern funkelt über diesem romantischen Restaurant nicht wegen der grandiosen Aussicht, sondern dank der Finesse der kulinarischen Kunstwerke des Chefs Vitor Matos.

- Museu Romântico | Rua de Entre-
  Quinas 220 | Tel. 226000445
  http://antiqvvm.pt | Di–Sa 12–24 Uhr

REGIONALTYPISCHE KÜCHE

A Cozinha do Manel €€ ▮ L4

Die Stars in Manel's Küche sind nicht nur die auf den Fotos zu sehenden illustren Gäste, sondern vor allem die herzhaften Ofengerichte wie *vitela* (Kalbsbraten) oder *cabrito* (Zicklein).

- Rua do Heroísmo 215
  Ⓜ Campanhã | Tel. 9197875598
  Mo–Sa 12.30–15 und 19.30–22 Uhr
  www.facebook.com/CozinhaDoManel

Abadia €€ ▮ H3/J4

Die Gewölbe erinnern an eine alte Abtei, und so lässt sich hier göttlich speisen – vor allem *bacalhau*, Krake, Rippchen und Kutteln nach Art des Hauses.

- Rua de Ateneu Comercial do Porto 22–24
  Ⓜ Bolhão | Tel. 222008757

www.restauranteabadiadoporto.pt
Di–Sa 12–15.30 und 18.30–23 Uhr,
Mo nur abends

O Gaveto €€ 🟦 e4

In Matosinhos stehen Fische und Meeresfrüchte im Rampenlicht, so auch im Eckhaus, in dem hervorragende *amêijoas à
bulhão pato* (Venusmuscheln im Koriander-
Knoblauch-Weinsud) serviert werden.

• Rua Roberto Ivens 826 | Matosinhos
  Ⓜ Matosinhos Sul | Tel. 229378796
  www.ogaveto.com | tgl. 12–24 Uhr

PETISCOS

Jimão Tapas e Vinhos €–€€ 🟦 G5

Trotz der zentralen Lage gibt es fantasievolle Tapas, freundlichen Service und
sehr gute Weine – ohne Reservierung
keine Chance.

• Praça da Ribeira 11–12 | Tel. 220924660
  www.facebook.com/Jimaotapasevinhos
  Mi–Mo 12–22.30 Uhr

Tapabento €€ 🟦 H4

Leute stehen an, um sich hier durch
die farbenfroh arrangierten und kreativ
zubereiteten *petiscos* zu probieren.
> mehr S. 15 Punkt ⓴

• Rua da Madeira 222 | Ⓜ São Bento
  Tel. 222034115 | www.tapabento.com
  Mi–So 12–16 und 19–22.30 Uhr,
  Di nur abends

Tasca da Badalhoca €

Etwas abgelegen in Boavista, aber stets
mit Einheimischen gefüllt, denn die *sandes
de presunto* (Schinkensandwiches) sind
zum Dahinschmelzen. Auch *petiscos* aus
Kutteln kann man hier probieren.

• Rua Dr. Alberto de Macedo 437
  Boavista | Tel. 226185325
  Mo–Sa 9–20 Uhr

KAFFEEHÄUSER MIT FLAIR

• **Café Majestic**
  Das berühmteste Kaffeehaus der
  Stadt ist eine wahre Perle der Belle
  Epoque. Der Spiegelsaal funkelt
  noch so schön wie bei der Eröffnung 1921. > S. 71

• **A Brasileira** 🟦 H4
  Im historischen Flair des originalgetreu wiedererstanden Cafés im
  gleichnamigen Luxushotel wird die
  Kaffeepause zum Erlebnis.
  Rua Sá da Bandeira 91
  Ⓜ São Bento | Tel. 210417160
  tgl. 8–19 Uhr | www.pestanacollec
  tion.com/pt/hotel/pestana-porto-
  brasileira/restaurantes

• **Café Guarany**
  Das nach den brasilianischen
  Indígenas benannte Kultcafé trägt
  seine Besucher mit Kaffee und
  Kunst ins exotische Brasilien. > S. 65

• **Café d'Ouro (O Piolho)** 🟦 G4
  Das Café Goldene Anker neben der
  Uni ist seit 1909 ein bei Professoren
  und Studenten beliebter Treffpunkt.
  Praça Parada Leitão 45 | Carmo
  Tel. 222003749 | www.cafepiolho.
  com | Mo–Sa 7–4 Uhr

• **Sical** 🟦 G3–H4
  Seit 1947 importiert und verkauft
  Sical Kaffee, dazu gibt es eine leckere Auswahl an süßen und herzhaften Törtchen, Tartes und Toasts.
  Praça Dona Filipa de Lencastre 29
  Ⓜ Aliados | Tel. 222056148
  www.facebook.com/SicalBx
  Mo–Do 7–23.30, Fr/Sa bis 2.30,
  So 8.30–18 Uhr

VEGETARISCH

Da Terra € 🔪 f4

Wer keinen Fisch mehr sehen kann, freut
sich in Matosinhos über die frischen Alternativen vom vegan-vegetarischen Büfett.
Inzwischen gibt's auch weitere Ableger,
z.B. in Vila Nova de Gaia oder in der Baixa.

• Rua Afonso Cordeiro 71 | Matosinhos
  Ⓜ Câmara de Matosinhos
  www.daterra.pt | Mo–Sa 12–15 und
  19.30–23 Uhr, So nur mittags

Essência €€

Ein Vegetarier mit Klasse und ausgefalle-
neren Kreationen in einer restaurierten
1940er-Jahre-Villa, deren Gartenterrasse
im Sommer der Hit ist. Es gibt auch Optio-
nen für Nicht-Vegetarier.

• Rua de Pedro Hispano 1196 | Boavista
  Tel. 228301813 | www.essenciarestaurante

Delikatessen seit über 100 Jahren in der
Pérola do Bolhão

vegetariano.com | Mo–Sa 12–15 und
20–22.30 Uhr, Fr/Sa bis 24 Uhr

Suribachi € 🔪 L3

Schon seit 1980 ein Eldorado für Vegetarier und Freunde eines gesunden
Lebensstils, mit täglich wechselnden
makrobiotischen Büfetts, Bioladen, Yoga-
und Heilpraktikerempfehlungen.

• Rua do Bonfim 134 | Ⓜ Campo 24 de
  Agosto | Tel. 225106700
  www.facebook.com/suribachiportugal
  Mo–Sa 9–22 Uhr

AUS ALLER WELT

Mundo €€–€€€ 🔪 G3

Chef Gabriel Silva lässt sich von allen Kon-
tinenten inspirieren und nimmt Sie mit auf
eine stilvolle, von DJ-Klängen begleitete
kulinarische Reise um die Welt.

• Rua da Picaria 58 | Ⓜ Aliados
  Tel. 912090029
  www.facebook.com/MUNDOFullest
  Mo–Do 19–24, Fr bis 2 Uhr, Sa 12–15.30
  und 19–2 Uhr, So 13–24 Uhr

Typographia Progresso €€ 🔪 G5

Zwischen alten Druckmaschinen nahe
dem Börsenpalast werden fantasievolle
Fusion-Gerichte aus Portuenser, portu-
giesischer und internationaler Küche
serviert.

• Rua do Dr. Sousa Viterbo 91
  Tel. 220997846
  www.typographia-restaurante.pt

Boa-Bao €€ 🔪 G3

Asiatische Geschmacksexplosionen vom
Feinsten zu angemessenen Preisen im ge-
stylten Ambiente des Ausgehviertels.

• Rua da Picaria 61–65 | Ⓜ Aliados
  Tel. 910043030 | www.boabao.pt
  So–Do 12–23, Fr–Sa bis 00.30 Uhr

SHOPPING

Portos Shoppingherz schlägt – vor allem was Kleidung und Schuhe angeht – entlang der Rua de Santa Catarina und der Rua Passos Manuel. Winzige Lebensmittelläden, die teilweise noch an die Kolonialzeit erinnern, sind rund um den Mercado do Bolhão zu finden, Schmuck und Ausgefallenes in der Rua das Flores.

Wer Kunst sucht, wird in der Rua de Miguel Bombarda fündig, überhaupt gibt es im Cedofeita-Viertel viel Kreatives, von Vinylplatten bis zu hipper Vintagemode. Klassische Souvenirs finden sich vor allem an der Ribeira und Portwein entweder in den *garrafeiras* (Spirituosenläden) oder direkt in den Kellereien von Vila Nova de Gaia (> Special S. 130/131).

In der Innenstadt öffnen die meisten Geschäfte um 10 und schließen um 20 Uhr, auch sonntags haben größere Läden geöffnet ebenso wie die Supermärkte und die bei den Portugiesen äußerst beliebten Einkaufszentren.

SPEZIALITÄTEN

Mercearia das Flores 📱 G4/5
Verkauf und Verkostung von portugiesischen Traditionsprodukten wie Käse, Wurst, Schinken, Konserven, Olivenöl oder Honig – vieles davon auch bio.
• Rua das Flores 110 | Baixa
Tel. 222083232
www.merceariadasflores.com | Mo–Do
11.30–21.30, Fr–Sa bis 22, So bis 20 Uhr

Pérola do Bolhão 📱 J3
Hinter der hübschen Jugendstilfassade verbirgt sich eines der schönsten und ältesten Lebensmittelgeschäfte. Seit 1917 gibt es gleich neben dem Mercado do Bolhão Delikatessen wie Bergkäse, Chorizo und *bacalhau*, aber auch Kaffee, Tee und Trockenfrüchte.
• Rua Formosa 279 | Tel. 222004009
Mo–Fr 9–19.30, Sa 9–13 Uhr

Chocolateria Equador 📱 G5
Feinste Schokoladen und kunstvolle, zum Teil mit Portwein veredelte Pralinen zum

Dahinschmelzen. Inzwischen mit drei Filialen in Porto, u. a. nahe dem Mercado Ferreira Borges.
• Rua de Sousa Viterbo 103
www.cacaoequador.pt | tgl. 11.30–19 Uhr

MODE & HANDGEMACHTES

Coração Alecrim 📱 G3
Auf Nachhaltigkeit bedachte Baumwoll- und Leinenkleidung der jungen Designerinnen Filipa und Rita.
• Travessa da Cedofeita | Cedofeita
www.coracaoalecrim.com
Mo–Sa 11–19 Uhr

Mon Père 📱 G3
Farbenfroher Vintageladen mit ausgefallenen Stücken zu fairen Preisen.
• Rua da Conceição 80 | Cedofeita
Tel. 918480270 | www.facebook.com/
monperevintage | Mo–Sa 10.30–19 Uhr

Quartier Latin 📱 e2/3
Schicke Secondhand-Designerkleidung, Schuhe und Taschen – somit bezahlbarer.

MARKTHALLEN & MÄRKTE

- **Mercado do Bolhão**
  Die älteste und wichtigste Markt-
  halle der Stadt. > S. 72
- **Mercado do Bom Sucesso**
  Belebte Mischung aus Markthalle
  und Gastronomie. > S. 105
- **Mercado Municipal da Beira Rio**
  Eventmarkt mit Einkehrmöglich-
  keiten im Herzen von Gaia. > S. 130
- **Mercado de Matosinhos**
  Hier gibt es viel frischen Fisch,
  Gourmetlädchen und Cafés.
  > S. 123
- **Feira de Produtos Biológicos** 📕 d1
  Auf diesem Bio-Bauernmarkt gibt
  es alles zu kaufen, was Bauern aus
  der Region produzieren.
  Parque da Cidade (Ostteil) | Aldoar
  www.facebook.com/organicporto
  Sa 9–20, im Winter bis 14 Uhr
- **Feira de Vandoma**
  Trödelmarkt für Klamotten, Bücher
  und Krimskrams
  Avenida 25 de Abril | Bonfim
  Ⓜ Campanha | Sa 8–13 Uhr
- **Mercado Porto Belo** 📕 G3
  Secondhand-Designerware, edle
  Vintage- und Liebhaberstücke
  Praça de Carlos Alberto | Cedofeita
  www.facebook.com/mercadoporto
  belo | Sa 10–19 Uhr
- **Feira dos Passarinhos** 📕 J5
  Auf dem »Vögelchenmarkt« findet
  man seinen neuen Piepmatz, Käfig,
  Futter und Accessoires – aber vor
  allem Motive zum Staunen
  Passeio das Fontaínhas
  Fontaínhas | So 7–13 Uhr

- Rua Pedro Homem de Melo 410
  Foz do Douro | Tel. 220926625
  www.quartierlatin.pt | Mo 15–19 Uhr,
  Di–Sa 10.30–13 und 15–19.30 Uhr

Eureka 📕 J4
Schicke Markenschuhe aus der nordöstlich
von Porto gelegenen Fabrik.
- Rua Passos Manuel 67
  www.eurekashoes.com | tgl. 10–19.30 Uhr

CRU Cowork 📕 F3
Ein Kreativzentrum auf über 400m² mit
eigener Galerie, Designerläden und
Schmuckwerkstätten.
- Rua do Rosário 211 | Cedofeita
  Tel. 224088244 | www.cru-cowork.com
  Mo–Fr 10–20 Uhr

Claus Porto 📕 G5
Seit über 130 Jahren das Geschäft für
feine handgemachte Seifen – im Stamm-
haus in Porto sogar mit Ausstellung über
die Geschichte des Seifenimperiums.
- Rua das Flores 22 | Baixa
  Tel. 914290359 | https://clausporto.com
  tgl. 10–20 Uhr

BÜCHER & MUSIK
Flâneur 📕 C1
Liebevoll geführter Buchladen und Klein-
verlag mit engagiertem Kulturprogramm,
es gibt auch fremdsprachige Literatur.
- Rua de Fernandes Costa 88 | Boavista
  Tel. 912110954 | www.flaneur.pt
  Di–Sa 10–19, So 15–19 Uhr

Livraria Lello 📕 G4
Die berühmteste (und wirklich schönste)
Buchhandlung Portos begeisterte schon
J. K. Rowling – und jetzt Touristen > S. 89.
- Rua das Carmelitas 144 | www.livraria
  lello.pt | tgl. 9.30–20 Uhr | Eintritt 5 €

Die stilvolle Livraria Lello hat sich zur Sehenswürdigkeit gemausert

Tubitek H4

Gut sortierter Plattenladen mit neuen und alten, gebrauchten oder eingeschweißten CDs und LPs.

• Praça D. João 31 | Baixa | Tel. 222034132
  www.cdgo.com | Mo–Fr 10–20,
  Sa 10–13.30 und 14.30–19.30 Uhr

ANTIQUITÄTEN

Feira de Antiguidades e Velharias

Antiquitätenmarkt mit Möbeln, Münzen, Porzellan, Büchern, Gemälden und Schmuck

• Praça Francisco Sá Carneiro, nahe
  Estádio do Dragão
  jeden 3. Sa im Monat 8–18 Uhr

Porto Velho G2/3

Wahre Kunstschätze verbergen sich in diesem Antiquitätengeschäft mit eigener Restaurierungsabteilung.

• Rua dos Mártires da Liberdade 157
  Cedofeita | Tel. 910175288
  www.portovelho.pt
  Mo–Sa 10–19.30 Uhr

AM ABEND

Portos Nachtschwärmer zieht es am Wochenende (die Studenten starten bereits am Donnerstag) vor allem in die Baixa.

Hier gibt es mehrere Hotspots: Zum einen entlang der Rua Passos Manuel, insbesondere im Bereich des Coliseus und dem Jardim de São Lázaro, und zum anderen die Gassen und Straßen zwischen der Universität, der Praça Carlos Alberto und der Avenida dos Aliados. Da eine dieser Gassen Rua Galeria de Paris heißt, nennt man diese Ecke auch **Galerias.** Auch in der

Ribeira lässt es sich am Abend oft noch lange aushalten, im Bairro da Sé haben zudem ein paar Fadolokale eröffnet, in denen zum Abendessen Fadistas auftreten.

Einige edlere Clubs haben sich in Boavista und Foz do Douro angesiedelt, größere Diskotheken findet man eher in den Außenbezirken.

KONZERTE & THEATER

Casa da Música ▮ D1
Klassische Konzerte vom Feinsten gibt es in der Sala Suggia, spannende und experimentelle Auftritte auch in den kleineren Sälen des futuristischen Konzerthauses.
- Avenida da Boavista | Tel. 220120210
  www.casadamusica.com

Coliseu do Porto ▮ J4
Das Art-déco-Gebäude von 1941 ist die erste Adresse für Pop- und Rockkonzerte in Porto.
- Rua Passos Manuel 137 | Baixa
  Tel. 223394940 | www.coliseudoporto.pt

Hard Club ▮ G5
In der einstigen Markthalle Mercado Ferreira Borges gibt es Rockkonzerte und Klubevents.
- Praça do Infante D. Henrique
  Tel. 220101185 | Di–So 11–2 Uhr

Rivoli Teatro Municipal ▮ H4
Das 1913 eingeweihte Theater wurde in den 1990er-Jahren renoviert und bietet heute ein abwechslungsreiches Theaterprogramm.
- Praça D. João I | Baixa | Tel. 223392201
  www.teatromunicipaldoporto.pt

Teatro Nacional São João ▮ J4
Im einstigen Opernhaus werden heute Theaterstücke, Musicals und Konzerte aufgeführt.
- Praça da Batalha | Tel. 223401900
  www.tnsj.pt

BARS & KNEIPEN

Ferro Bar ▮ J4
Angenehme, etwas alternativ angehauchte Bar mit Aussichtsterrasse, auf der manchmal Jam-Sessions stattfinden.
- Rua da Madeira 84 | Baixa
  www.facebook.com/ferrobarporto
  Di–Do, So 16–2, Fr–Sa bis 4 Uhr

Maus Hábitos ▮ J4
Legendäres Kulturzentrum über einem Parkhaus mit einer Mischung aus Restaurant und Cocktailbar und spannendem Kunst- und Konzertprogramm.
- Rua Passos Manuel 178, 4. Stock | Baixa
  Tel. 937202918 | www.maushabitos.com
  Di 12–24, Mi–Do 12–2, Fr–Sa 12–4,
  So 12–17 Uhr

Letraria ▮ J3
Der Untertitel dieses Bierlokals heißt »Craft Beer Garden« – durch die rund 100 Bierkreationen kann man sich auch im hübschen Garten probieren.
- Rua da Alegria 101 | Baixa
  Tel. 223235186 | www.facebook.com/
  letrariacraftbeergardenporto
  Mo–Do 16–23.45, Fr–Sa 16–2, So 16–23 Uhr

Pipa Velha ▮ G3
Alteingesessene Kneipe mit gemischtem Publikum und Posterdeko aus der Anfangszeit (1981).
- Rua das Oliveiras 75 | Baixa
  Tel. 22 208 2025
  www.facebook.com/pipavelha
  tgl. 17–4 Uhr

Bop Café  J3

Das Hamburger-Lokal mit der imposanten Vinylsammlung verwandelt sich am Abend in eine angesagte Cocktailbar – essen kann man auch zu späterer Stunde noch.

- Rua da Firmeza 575 | Baixa
  www.bop.pt | Mo–Fr 11–1, Sa–So 10–1 Uhr

Fé – Wine & Club  H4

Durchdesigntes Weinlokal, in dem es auch kunstvolle Cocktails gibt.

- Praça Dona Filipa de Lencastre 1 | Baixa
  Tel. 222010901 | www.feporto.pt
  Di/ So 18–24, Mi 18–2, Do–Sa 18–4 Uhr

KLUBS & DISKOTHEKEN

Indústria  a3

Beliebte Großdisco mit Musik aller Art, oft mit Gast-DJs

- Avenida do Brasil 843 | Foz do Douro
  Tel. 220962935
  www.facebook.com/IndustriaClub

Discoteca anos 80  D4

Revival-Disco mit den großen Hits der 80er, hier fühlen sich auch Ältere wohl.

- Rua da Restauração 39 | Massarelos
  Tel. 914655355 | www.facebook.com/
  discotecaanos80/ | Fr–Sa 23–6 Uhr

Eskada  K2

Stylisch und sophisticated, eher junges und schickes Publikum, das zu Pop und Charts tanzt.

- Rua da Alegria 573 | Tel. 911788455
  www.facebook.com/EskadaPorto
  Mo, Mi–Sa, 23.45–6 Uhr

Tendinha dos Clérigos  G4

Beliebte (und deshalb schnell gefüllte) Disco zum Abrocken in den Galerias.

- Rua Conde de Vizela 80, Baixa
  Tel. 913335513
  tendinhadosclerigos.com
  Mi–Sa 24–6 Uhr

Beliebter Treffpunkt in der Rua da Conceição

Wäsche trocknet am besten vor dem Fenster – auch wenn sie dann die Portweinwerbung verdeckt

LAND & LEUTE

STECKBRIEF

- **Fläche:** 41,42 km²
- **Geografische Lage:**
  8° 37′ westliche Länge
  und 41° 9′ nördliche
  Breite
- **Einwohnerzahl:**
  214 300 (Stadt Porto),
  1,5 Mio. (Großraum)
- **Bevölkerung:** Im Großraum Porto sind
  rund 35 000 Ausländer registriert,
  ein Großteil kommt aus Brasilien und
  portugiesischsprachigen Staaten in
  Afrika, viele aber auch aus Osteuropa
  und anderen europäischen Ländern
- **Verwaltungseinheiten:** Porto ist in
  sieben *freguesias* unterteilt, zum Großraum zählt man 17 Kreise
- **Sprache:** Portugiesisch

- **Religion:** Überwiegend katholisch,
  viele Portuenser gehen regelmäßig in
  die Kirche
- **Landesvorwahl:** 00351
- **Währung:** Euro (€)
- **Zeitzone:** WEZ

GEOGRAFIE

Porto liegt am Nordufer des Douro, kurz vor dessen Mündung in den Atlantik. Der Douro ist mit knapp 900 km der drittlängste Fluss der iberischen Halbinsel, ihm verdankt Porto seine Gründung und seine wirtschaftliche Bedeutung. An seinen Ufern – weit und breit die einzigen sicheren Anlegestellen für Boote – entstanden erste Siedlungen, später konnten über den Fluss die wertvollen Trauben für den Portwein transportiert werden, die Porto weltberühmt machten.

Im Gegensatz zu Vila Nova de Gaia liegt Porto auf der Sonnenseite des Douro – wenn sie denn scheint, was in den Wintermonaten manchmal wochenlang nicht der Fall ist.

POLITIK & VERWALTUNG

Seit 2013 regiert der parteilose Geschäftsmann Rui Moreira die Stadt Porto. Auch dieser Bürgermeister war zuvor Vorsitzender der Handelskammer, so wie viele seiner Vorgänger ebenfalls eng mit der Associação Comercial verbunden waren. Porto ist eben eine klassische Stadt des Bürgertums, hier hatten immer schon die Händler das Sagen – und nicht der Adel.

Jede der sieben Gemeinden innerhalb der Stadt wählt zusätzlich seine eigene *Junta da Freguesia* (Gemeindeverwaltung). Die 17 Städte und Kreise des Großraums Porto (genannt *AMP – Área Metropolitana do Porto*) haben sich zu einer Art Städteverbund zusammengeschlossen, der *Concelho Metropolitano* hält einmal monatlich eine Sitzung ab.

WIRTSCHAFT & TOURISMUS

Die Region Porto ist die mit den meisten kleinen und mittleren Unternehmen des Landes und sie trägt am meisten zur portugiesischen Exportwirtschaft bei. Es ist die einzige Region, in der mehr exportiert als importiert wird. Viele Produkte verlassen Portugal über den Hafen von Leixões und über den Flughafen Francisco Sá Carneiro, die beiden wichtigsten Infrastruktureinrichtungen der Region. Als Wirtschaftsmotor fungiert seit Mitte des 19. Jhs. die mächtige Handelskammer, ein einflussreicher Zusammenschluss der (Portwein-)Händler und anderer Geschäftsleute. Der Portwein ist nach wie vor das wichtigste Exportprodukt, doch auch landwirtschaftliche Erzeugnisse, Textilien und Lederprodukte, Möbel, Keramik und Metallverarbeitung spielen eine Rolle. Porto ist außerdem Sitz des größten portugiesischen Verlags: die Porto Editora veröffentlicht zum Beispiel einen Großteil der Schulbücher. Viele Dienstleistungsfirmen haben Porto als Standort gewählt, und auch immer mehr Start-Ups sprießen hervor.

Inzwischen ist jedoch vor allem der Tourismus die Boom-Branche: Die Übernachtungszahlen sind in den vergangenen Jahren stetig gestiegen, während es 2013 noch 2,4 Mio. Übernachtungen waren, zählte man fünf Jahre später fast dreimal so viele. Allein über die Touristensteuer (2€/Nacht) verdient die Stadt über 10 Mio. Euro im Jahr.

Die Rabelo-Boote transportierten früher den Portwein nach Vila Nova de Gaia

GESCHICHTE IM ÜBERBLICK

1. Jahrtausend v. Chr. Keltische Stämme (darunter die sogenannten Lusitaner) besiedeln den Westen der Iberischen Halbinsel, sie leben auf Anhöhen in Castros und befestigten ihre Siedlungen mit runden Steinhäusern.

800–500 v. Chr. Der Stamm, der auf dem Hügel Pena Ventosa (heute Kathedralenhügel) lebt, handelt bereits mit anderen Völkern.

Ab etwa 133 v. Chr. Die Römer dringen in den Norden der Iberischen Halbinsel vor, der Ortsname Portus Cale taucht auf, möglicherweise später sogar als Namensgeber für Portugal.

3. Jh. n. Chr. Die römische Siedlung auf dem Hügel Pena Ventosa wird mit einer ersten Stadtmauer geschützt, ein Jahrhundert später dehnt sich die Ortschaft schon auf umliegende Gebiete aus.

5. Jh. n. Chr. Sueben, Westgoten und andere germanische Völker dringen ein und verdrängen die Römer, im 6. Jh. wird Porto bereits frühchristlicher Bischofssitz.

716 Eroberung durch die Mauren, im 9. Jh. regt sich jedoch bereits Widerstand, angeführt von dem asturischen Ritter Vimara Peres.

1120 Teresa von Leon, Gräfin der Grafschaft Portucale überschreibt dem Bischof von Porto Dom Hugo große Territorien; kurz darauf verleiht dieser die Stadtrechte, woraufhin die Siedlung wächst und aufblüht. Bischöfe regieren Porto noch bis ins 15. Jh.

1139 Afonso Henriques, Teresas Sohn, dringt nach Süden immer weiter gegen die Mauren vor und wird zum ersten portugiesischen König

1370 Unter König Fernando I. wird die Muralha Fernandina, eine bereits unter Afonso VI. begonnene Stadtbefestigung, zu Ende gebaut

1387 João I., Begründer der Dynastie Aviz (Portugals 2. Dynastie), heiratet in der Sé (Kathedrale) die englische Prinzessin Filipa de Lencastre als Besiegelung eines wichtigen Bündnisses mit England.

1394 In Porto wird als Sohn von João und Filipa der Infante Dom Henrique geboren, der später als Heinrich der Seefahrer die Grundlagen für Portugals Entdeckungszeitalter des 15. und 16. Jhs. legen wird.

1415 In den Werften entsteht ein Teil der königlichen Flotte für die spätere Eroberung von Ceuta, Portos Einwohner helfen emsig bei der Versorgung der Schiffsbesatzungen.

15./ 16. Jh. Dank der Entdeckung des Seewegs nach Indien durch Vasco da Gama beginnt Portugals »Goldenes Zeitalter«. In Porto wächst die Bevölkerungszahl, auch hier profitiert man vom Handel und Schiffsbau. Im 16. Jh. beginnt jedoch auch die dunkle Zeit der Inquisition.

1580 Nach dem Tod von Königs Sebastian in einer Schlacht in Nordafrika beginnt die 60-jährige

»Iberische Personalunion«: Portugal wird von den spanischen Königen aus dem Hause Habsburg mitregiert.

1640 Portugal kämpft sich seine Souveränität zurück, João IV. wird zum ersten König der letzten Dynastie aus dem Haus Bragança.

1703 Der »Methuenvertrag« ermöglicht es englischen Händlern, ohne Hindernisse und zu Vorzugszöllen Textilien nach Portugal und in die portugiesischen Kolonien exportieren zu dürfen, während Portugal ungehindert Produkte wie Portwein und Wein nach England ausführen kann.

Ab 1725 Der Italiener Nicolau Nasoni kommt nach Porto und beginnt, die bis heute beispielhaften Bauwerke des Barocks wie z. B. die Igreja und Torre dos Clérigos zu bauen.

1. November 1755 Ein Erdbeben mit Tsunami und Brandkatastrophe zerstört Lissabon, Porto hingegen ist nicht betroffen

Ab 1807 Napoleonische Truppen greifen Portugal an, weil dieses trotz Kontinentalsperre weiterhin Handel mit England betreibt. Das Königshaus flieht nach Brasilien, Porto wehrt sich erfolgreich gegen die Angriffe, allerdings reißt der Einsturz der Ponte das Barcas 1809 Hunderte Flüchtende in den Tod.

1831 Porto wird während des Miguelistenkriegs von Anhängern des absolutistischen Dom Miguels I. belagert, die Einwohner stehen jedoch fest auf der Seite seines liberalen Bruders, Dom Pedro IV., und verhelfen ihm schließlich zum

Reiterstatue des geschätzten Königs Dom Pedro IV. auf der Praça da Liberdade

Sieg. Als Dank schenkt Pedro der Stadt später sein Herz.

1834 Pedros Tochter, Königin Maria II., verleiht Porto den Beinamen »Invicta« (unbesiegte). Später vermacht sie der Handelsvereinigung das Gelände des einstigen Franziskanerklosters, so dass dort der Börsenpalast mit Sitz der Handelskammer gebaut werden kann.

1910 (5. 10.) Ende der Monarchie und Ausrufung der Republik, nachdem zwei Jahre zuvor König Carlos I. und sein Sohn Luis Filipe von Republikanern ermordet wurden.

1911 Die Universität von Porto wird gegründet.

1933 António de Oliveira Salazar ruft den »Estado Novo« (Neuen Staat) aus, es ist der Beginn einer jahrzehntelangen Diktatur. Während des Zweiten Weltkriegs bleibt Portugal neutral, ab Anfang der 1960er-Jahre verstrickt sich Salazar jedoch in Unabhängigkeitskriege seiner afrikanischen Kolonien.

1974 (25.4.) Die Nelkenrevolution beendet die Diktatur und die Kolonialkriege, es gibt wieder demokratische Wahlen.

1986 Portugal wird EG-Mitglied, ein wirtschaftlicher Aufschwung (vor allem Dank Förderprogrammen) beginnt.

1996 Die UNESCO erklärt die Altstadt, die Ponte Dom Luis I. und das Mosteiro da Serra do Pilar zum Welterbe.

2001 Porto ist europäische Kulturhauptstadt.

2004 Fußball-Europameisterschaft in Portugal, der FC Porto bekommt sein neues Stadion Estádio do Dragão.

2005 Eröffnung der Casa da Música.

2011–2014 Während der schweren Wirtschaftskrise schlüpft Portugal unter den EU-Rettungsschirm und erhält ein Hilfspaket von 78 Mrd. Euro.

2015 António Costa (PS, Partido Socialista) wird Premierminister, gestützt von einer linken Minderheitenregierung. 2019 wird er wiedergewählt.

2016 Marcelo Rebelo Sousa wird Staatspräsident.

2018 Der Tourismus boomt, die Übernachtungszahlen haben sich in fünf Jahren fast verdreifacht.

2020/1 Nach etwa 3-jähriger Renovierungsphase wird der Mercado do Bolhão wiedereröffnet.

NATUR & UMWELT

Porto hat viele Parks und Grünflächen zu bieten – erholsame grüne Oasen inmitten der Stadt. Der größte portugiesische Stadtpark ist das über 80 ha große Naherholungsgebiet Parque da Cidade. Es erstreckt sich im Westen der Stadt bis zum Atlantik und bietet vielen Vogelarten ein Revier.

Die Stadtverwaltung informiert auf www.cm-porto.pt/jardins-e-parques über die städtischen Garten- und Parkanlagen und listet auf, welche besonderen Bäume oder Pflanzen in ihnen zu finden sind. Besonders schön sind die in den Winter- und Frühlingsmonaten blühenden Kamelienbäume in vielen Gärten.

In Vila Nova de Gaia befindet sich mit der **Reserva Natural do Estuário do Douro** ein ausgewiesenes Naturschutzgebiet im Mündungsbereich des Douro, zudem lockt im Osten des Stadtgebiets der 35 ha große Wildtierpark **Parque Biológico de Gaia** (Rua Cunha, Avintes, tgl. 10–19, im Winter bis 17 Uhr, Eintritt 3 €, parquebiologico.pt) mit vielen umweltbildenden Ausstellungen und Veranstaltungen.

DIE MENSCHEN

Porto – »Cidade invicta« (die Unbesiegte): Zu Recht sind die Portuenser stolz auf ihre Stadt, die im 19. Jh. im Miguelistenkrieg auf der Seite des liberalen Königs Dom Pedro IV. stand und ihm zum Sieg verhalf.

Immer wieder Thema ist die Rivalität zwischen Lissabon und Porto, die sich nicht nur in Sachen Fußball manifestiert. Welche ist denn nun die schönere Stadt? Für die Portuenser (und auch für viele der Besucher Portos) ist die Antwort eindeutig. Zumal sich auch so manches Sprichwort auf ihre Seite schlägt. *Braga reza, Coimbra estuda, Porto trabalha e Lisboa diverte-se* (»Braga betet, Coimbra studiert, Porto arbeitet und Lissabon vergnügt sich«) bedient natürlich viele gängige Klischees, hat aber ein Fünkchen Wahrheit: Während in Lissabon der Adel regierte, hatte in Porto das Bürgertum das Sagen, vor allem im 19. Jh., als die Portweinhändler ihren großen Aufschwung hatten. Hier wurde also wirklich ein Teil des Geldes verdient, das die Monarchen in Lissabon dann verprassten. Ein wenig schwingt bei der Rivalitätsfrage jedoch bis heute auch eine gewisse Unterlegenheit mit, schließlich ist Porto eben nicht Hauptstadt und nicht die größte Metropole des Landes, auch haben viele Firmen und Institutionen ihr Hauptquartier in Lissabon und nicht in Porto. Umso mehr freuen sich die Portuenser darüber, wie begeistert die Besucher von ihrer Stadt sind – und das zu Recht.

Die blau-weißen Azulejo-Wände im São-Bento-Bahnhof beschreiben wichtige Stationen und Ereignisse der portugiesischen Geschichte

SPRACHE

Die Portuenser sind berühmt (oder berüchtigt?) dafür, sprachlich kein Blatt vor den Mund zu nehmen. So mancher Südportugiese zuckt erschrocken zusammen, wenn der Kollege aus Porto im Meeting mit der Geschäftsleitung plötzlich vulgäre Begriffe verwendet, die man sonst eher bei halbstarken Jugendlichen erwarten würde. Doch sie sollten es wissen: Die Portuenser nutzen diese Wörter eben in ihrem täglichen Sprachgebrauch, ohne dass es in ihren Ohren vulgär klingt. Dabei werden die vermeintlich verfemten Ausdrücke in seltenen Fällen wie Schimpfwörter oder Verunglimpfungen gebraucht, sondern oftmals als freundschaftliche, manchmal gar liebevolle Füllwörter. Wer also der portugiesischen Sprache mächtig ist und in Porto überproportional oft Begriffe wie *caralho* (vulgär für das männliche Geschlechtsorgan) hört, braucht sich nicht zu erschrecken, selbst wenn man mit einem Anzugträger und nicht mit einem 15-jährigen Pennäler spricht.

💬 PORTO IM FUSSBALLFIEBER

Wenn Sie durch die Altstadtviertel spazieren, sehen Sie die blau-weißen Fahnen aus vielen Fenstern wehen: Die Leidenschaft für den FC Porto ist Teil der städtischen Identität. Als Fan von Benfica Lissabon (die gibt es hier auch) hat man es nicht leicht in Porto, das Herz schlägt hier eindeutig blau-weiß. Der Traditionsverein **Futebol Clube do Porto** wurde 1893 gegründet, übrigens von einem Weinhändler, der den Ballsport bei einer seiner Reisen nach England kennengelernt hatte. Kaum gegründet, begann auch schon die Rivalität zu Lissabon, die sich bis heute durch die Vereinsgeschichte zieht. Seit 1906 gehören auch Leichtathletik und andere Sportarten zum Repertoire. Als 1934 die erste portugiesische Meisterschaft ausgetragen wurde, war Porto der Gewinner, es sollten 27 weitere Meistertitel folgen (Stand: 2019). Zweimal, 1987 und 2004, gewann der FC Porto sogar die Champions League – selten hat die Stadt so gefeiert. Seit 1982 ist Jorge Nuno Pinto da Costa (geboren 1937 in Porto) Präsident des Vereins, er gilt, auch dank der Erfolge in anderen Disziplinen, als der erfolgreichste Vereinspräsident der Sportgeschichte.

Die Heimat des FC Porto ist seit 2003 das zur Europameisterschaft 2004 gebaute **Estádio do Dragão,** eines der drei größten und wichtigsten Stadien des Landes (Via Futebol Clube do Porto). **› mehr S. 17 Punkt 34** Zuvor spielten die »Dragões« über 50 Jahre lang im nun abgerissenen Estádio das Antas.

Und es gibt noch ein weiteres Stadion in Porto: Im **Estádio do Bessa** kickt der 1903 gegründete Erstligaverein Boavista. Zwar gewann Boavista nur einmal die portugiesische Meisterschaft (2001), doch gegen die im schwarz-weißen Schachbrettmuster spielenden Fußballer haben auch die großen Vereine selten leichtes Spiel. Besonders spannend sind natürlich die Lokalderbys gegen den FC Porto. **› mehr S. 12 Punkt 2**

Auch das eine oder andere Ding wird in Porto üblicherweise anders benannt als beispielsweise in Lissabon: Ein kleines gezapftes Bier ist ein *fino*
(und kein *imperial*), ein Espresso wird als *cimbalino* (und nicht als *bica*)
bestellt. Doch das sind Kleinigkeiten – und eigentlich spricht nichts dagegen,
in Porto etwas auf Portugiesisch zu bestellen (immerhin rangiert das Portugiesische unter den zehn am meisten gesprochenen Sprachen der Welt).

KUNST & KULTUR

KUNST IN MUSEEN, AUSSTELLUNGEN UND GALERIEN

Porto ist nicht Paris, doch auch wenn es auf den ersten Blick so aussieht, als
ob die Kunstszene einen größeren Bogen um Porto gemacht hätte, so gibt es
doch zwei spannende Kunstmuseen zu besichtigen. Das ältere der beiden ist
das 1833 als »Museu Portuense« gegründete **Museu Nacional de Soares
dos Reis** › S. 95, es widmet sich zum einen den Werken des namensgebenden Bildhauers António Soares dos Reis (1847–1889), aber auch den Gemälden anderer nationaler Künstler des 19. und 20. Jhs.

Das zweite renommierte Kunstmuseum entstand erst 1999. Allein das
von Star-Architekt Álvaro Siza Vieira entworfene Gebäude des **Museu de
Arte Contemporânea** › S. 108 ist für sich schon ein Kunstwerk: Die weißen
Kuben, in denen sich elf unterschiedlich große Ausstellungssäle befinden,
bieten einen markanten Kontrast zum Grün des Parque de Serralves. Die
Serralves-Stiftung kuratiert die oft hochkarätigen und internationalen
Ausstellungen zeitgenössischer Kunst – mit denen sich Porto nicht hinter
Paris verstecken braucht.

Darüber hinaus gibt es kleinere Kunstmuseen wie z. B. die **Casa Oficina
António Carneiro** (Rua António Carneiro 363, Mo–Fr 10–12 und 14 bis
17 Uhr, Eintritt frei), in der Werke und persönliche Gegenstände des Malers
António Carneiro (1872–1930) und seines Sohnes Carlos (1900–1971) zu
sehen sind. Ebenfalls in einstigen Privaträumen untergebracht ist die überraschende Sammlung in der **Casa-Museu Marta Ortigão Sampaio** › S. 107.
Und im **Casa-Museu Teixeira Lopes** in Vila Nova de Gaia sind Werke des
Bildhauers António Teixeira Lopes (1866–1942) in dessen ehemaligem
Wohnhaus und Atelier ausgestellt › S. 91 (Rua Teixeira Lopes 32, Vila Nova
de Gaia, Di–So 9–12.30 und 14–17.30 Uhr, Eintritt frei), zum Repertoire
gehören auch sehenswerte Gemälde- und Keramiksammlungen sowie die
dekorative Kunst der angeschlossenen Galerias Diogo de Macedo.

Sakrale Kunst und Gemälde zeigen zwei Museen in der Altstadt: zum
einen das **Museu da Misericórdia (MMIPO)** › S. 79 in der Rua das Flores und
zum anderen das **Museu de Arte Sacra e Arquelogía** in der Igreja de São
Lourenço › S. 77.

Regelmäßige Kunstausstellungen sind in der Künstlerkooperative **Árvore** zu sehen (Rua Azevedo de Albuquerque 1, https://arvorecoop.pt, Mo–Fr 9.30–18, Sa 14–19 Uhr), oder auch in der »Talentfabrik« im **Palácio das Artes** (Largo de São Domingos 19, tgl. 9.30–19 Uhr, www.fjuventude.pt), der zur Jugendförderungsstiftung gehört und in einem imposanten Gebäude aus dem 14. Jh. untergebracht ist.

Wer Kunst erstehen möchte, begibt sich am besten ins Cedofeita-Viertel, vor allem die **Rua de Miguel Bombarda** gilt als Herzstück des »Art Districts«: Hier reihen sich Vintage-Geschäfte neben Galerien und hippen Cafés. Viele junge Künstler stellen in den Galerien ihre Werke aus, es herrscht eine kreativ-alternative Atmosphäre. › mehr S. 18 Punkt **41**

KIRCHENKUNST – VON DER ROMANIK BIS ZUM BAROCK

Anhand der Kirchen Portos kann man sich auf eine Reise durch die Stilepochen begeben: Sie beginnt an der **Kathedrale** › S. 74, die in ihren Grundmauern aus dem 12. Jh. stammt und ursprünglich rein romanisch war. Im Gegensatz zur Sé, die über die Jahrhunderte immer wieder verändert wurde, ist die kleine **Igreja de São Martinho de Cedofeita** › S. 107 noch rein romanisch.

In der Gotik entstand der **Kreuzgang der Sé**, aber auch die ab dem späten 14. Jh. errichtete **Igreja de São Francisco** › S. 77, sie gilt als die wichtigste erhaltene Kirche der Gotik. Eine schöne gotische Fassade ist noch

Kaffeetrinken mit Stil im Café Majestic in der Rua Santa Catarina

an der **Igreja de Santa Clara** zu sehen. Beide Kirchen haben im 18. Jh. – zur Blütezeit des Barock – die üppigen Blattgoldverzierungen in ihrem Inneren erhalten, sie zählen heute zu den glänzendsten Beispiele von *talha dourada* (vergoldetem Schnitzwerk) in Portugal.

Die Barockzeit des 18. Jhs. war eine emsige Epoche in Porto, es wurde gebaut und verziert, was das Zeug hielt. Wer zu jener Zeit das Stadtbild am nachhaltigsten veränderte, war der Italiener **Nicolau Nasoni** (1691–1773). Er kam 1725 nach Porto und erhielt den Auftrag, die Kathedrale »barockfähig« zu machen: er malte Fresken und gestaltete den Altarraum um, dann schuf er die Loggia an der Nordseite und den Bischofspalast. Später verpasste er der Misericórdia-Kirche sowie der Carmo-Kirche ihre Rokoko-Fassaden, doch sein größtes und markantestes Projekt war der Bau der Igreja dos Clérigos. Zwischen 1731 und 1773 schuf er die harmonische Barockkirche und das Wahrzeichen Portos, den von weither sichtbaren Torre dos Clérigos.

DIE ARCHITEKTUR DES 19. UND 20. JH.

Im 19. Jh. wuchs die Stadt in alle Richtungen, es entstanden Fabrikgelände und Arbeiterviertel, aber auch herrschaftliche Villen und **romantische Gartenanlagen** – häufig nach französischem oder englischem Vorbild. Der deutsche Landschaftsarchitekt Emile David war besonders aktiv in Porto, er schuf den Jardim da Cordoaria, die Jardins do Palácio de Cristal und weitere Parkanlagen der Stadt. Der Romantik folgte der **Jugendstil,** der bis heute an manchen Geschäften und Kaffeehäusern aus dem frühen 20. Jh. zu bewundern ist. Das schönste Beispiel aus der Belle Epoque ist das Café Majestic › S. 71. Auch in der Architektur ließ man sich von anderen europäischen Städten inspirieren, wie es z. B. gut am Rathaus im flämischen Stil (gebaut ab 1920) zu erkennen ist. In der Baixa sind ein paar hübsche **Art-déco-Gebäude** zu bewundern, z. B. das Coliseu do Porto oder die einstigen Kino- und Theaterhäuser an der Praça da Batalha › S. 69. Ein **Art-déco-Highlight** ist die 1944 gebaute Casa de Serralves im Serralves-Park › S. 109. Während des Estado Novo, der portugiesischen Architekturzeit zwischen 1930 und 1974, entstanden einige monumentale Bauwerke wie der 1961 eingeweihte Palácio da Justiça, der neben all der Monstrosität auch einige schöne Elemente des Modernismus aufweist.

Nicht erst mit der Gründung der **Faculdade de Arquitetura da Universidade do Porto** (FAUP) 1979 machte die sogenannte »Escola do Porto« in Architekturkreisen von sich reden. Ihr Begründer, Professor Fernando Távora (1923–2005), widmete sich schon Mitte des 20. Jhs. den sozialen Aspekten der Architektur, seine Schüler, allen voran die Pritzker-Preisträger **Álvaro Siza Vieira** (geb. 1933) und **Eduardo Souto de Moura** (geb. 1952) schufen ab den späten 1950er- bzw. 1980er-Jahren zahlreiche berühmte Bauwerke in Porto, im restlichen Portugal und außerhalb des Landes.

PORTO IM 21. JAHRHUNDERT

Zu den jüngsten Werken der nationalen und internationalen Architektur-Stars gehört z. b. die von Rem Koolhaas entworfene und 2005 eingeweihte **Casa da Música** › S. 106, das kurz vor der EM 2004 eröffnete **Estádio do Dragão** und das 2015 von Architekturprofessor Luís Pedro Silva gebaute **Kreuzfahrtterminal** von Matosinhos. In den vergangenen Jahren wurden zudem viele historische Gebäude in der Altstadt saniert und teilweise in stylische Hotels verwandelt.

AZULEJOS

Unzählige Fassaden sind mit kunstvollen Azulejos verziert. Die bemalten Fliesenbilder sind häufig erst im 19. oder 20. Jh. an die verschiedenen Kirchen oder in die Bahnhofshalle von **São Bento** angebracht worden.

Diese Tradition hat ihren Ursprung im maurischen Kunsthandwerk. In Portugal reaktivierte man diese Kunst im 15. und 16. Jh., vor allem zur Innenverzierung von Kirchen und Königspalästen. Durch die hohe Luftfeuchtigkeit war es nicht einfach, Fresken zu malen, und so besann man sich der arabischen *al-zuleig* (kleine, polierte Steine). Es kamen verschiedene Phasen, von denen die berühmteste wohl die blau-weiße, Geschichten erzählende Phase war. Irgendwie wollte man dem Volk, das in den seltensten Fällen lesen und schreiben konnte, schließlich die Bibelszenen vermitteln. Seit dem 19. Jh. schmücken die Fliesen auch die Fassaden vieler Privathäuser – sie sind eben auch ein guter Schutz vor Feuchtigkeit.

MUSIK & LITERATUR

Mehrere Orchester residieren in der Casa da Música, allen voran das **Orquestra Sinfónica do Porto,** aber auch das Orquestra Barroca, mehrere Chöre und das zeitgenössische Remix Ensemble. Darüber hinaus gibt es viele bekannte Musiker und Bands aus Porto: der Pop- und Jazzmusiker **Pedro Abrunhosa** (1960) begeistert das Land mit seiner dunklen Stimme seit Mitte der 1990er-Jahre, der in Porto aufgewachsene Rock- und Bluessänger **Rui Veloso** (geb. 1957) und die Rockband **GNR** sogar schon seit Anfang der 1980er-Jahre.

Auch Literaten hat Porto hervorgebracht, zu den berühmtesten gehört die Poetin **Sophia de Mello Breyner Andresen** (1919–2004), aber auch die Romantiker **Almeida Garrett** (1799–1854) und **Júlio Dinis** (1839–1871). Werke der jungen, zeitgenössischen Autoren aus Porto wurden bisher noch nicht ins Deutsche übersetzt. Wer einen deutschsprachigen Roman lesen möchte, der in Porto spielt, könnte z. B. zum Krimi »Der verschwundene Kopf des Damasceno Monteiro« (1999) von Antonio Tabucchi greifen, oder den Krimi »Tod in Porto« von Mario Lima (2019) lesen. Größtenteils im Douro-Tal, aber auch teilweise in Porto spielt der Weinkrimi »Der Portwein-Erbe« von Paul Grote (2008).

💬 STREET-ART IN PORTO

In der Rua Afonso Martins Alho ist die blaue Katze von Liqen zu bewundern

Portugal gilt als Trendsetter in der europäischen Street-Art-Szene, und einige der portugiesischen Künstler stammen aus Porto. Doch auch die Lissabonner Sprayer und Street-Artists statten der Douro-Metropole immer gern einen Besuch ab, wenn es in Porto, Vila Nova de Gaia oder Matosinhos mal wieder eine Wand zu gestalten gibt oder eines der sporadisch organisierten Urban Art Festivals stattfindet.

Zu den wichtigsten auch international agierenden Künstlern aus Porto zählt der 1986 geborene **Mr. Dheo** (www.mrdheo.com), er verewigte seinen Vater 2014 mit Spraydose und Klerikerturm in den Hän-

den auf der Parkhauswand an der Metro-Station Trindade – es war die erste offiziell von der Stadt Porto freigegebene Wand. Ebenfalls in Porto lebt **Frederico Draw** (geb. 1988, www.fredericodraw.com). Der Absolvent der Architekturfakultät gestaltete 2015 eine Hauswand an der oberen Fahrbahn der Dom-Luís-Brücke, ein älterer Mann (der Großvater des Künstlers) scheint die Metro und die Fußgänger vorsichtig in die Stadt zu winken, und so heißt sein Gastgeber-Porträt auch »An.fi.tri.ão«.

Der Lissabonner **Vhils** (geb. 1987, www.vhils.com), derzeit einer der berühmtesten Urban Artists Portu-

Die »gesichtslose Madonna« am Passeio das Virtudes von Hazul

gals, verewigte sich 2016 ebenfalls in Porto, und zwar mit seiner typischen Scratch-Technik an der Wand des 5-D-Kinos Look at Porto › S. 94. Ebenfalls in Miragaia schuf **Daniel Eime** (geb. 1986) 2015 das Mural »Mira«, ein Porträt einer älteren Lady – als Hommage an die ältere Bevölkerung. Gegenüber in Vila Nova de Gaia gestaltete **Bordallo II** (geb. 1987, www.facebook.com/ BORDALOII) aus Müll und Farben an einer Hausecke eines seiner für ihn charakteristischen Tiere, in diesem Fall einen Riesenhasen › S. 132. Nur ein paar Meter weiter verschönerte der Argentinier **Pastel** einen freistehenden, rechteckigen Turm mit Blüten- und Pflanzenmotiven. Beides geschah im Rahmen des Public Art Events »Gaia Todo O Mundo 2017«.

Wer durch die Rua das Flores schlendert, entdeckt den einen oder anderen von **Nuno Costah** (geb. 1982, www.costah.net) bunt gestalteten Stromkasten, und es lohnt sich auch, mal in die schmale Seitengasse Rua Afonso Martins Alho zu schauen: Aus gelben Augen schaut eine haushohe, blaue Katze auf die Passanten hinunter, sie entstand 2017 aus der Feder des galicischen Künstlers **Liqen** (geb. 1980, www.liqen.org).

Weitere Werke verschiedener Urban Artists finden Sie in der Rua da Restauração, unterhalb der Jardins do Palácio de Cristal, oder in den Straßen des Künstlerviertels Cedofeita, rund um die Rua Miguel Bombarda. Auch hinter dem São-Bento-Bahnhof, in der Rua da Madeira lassen sich verschiedene Graffitis bewundern, u.a. des umtriebigen Portuensers **Hazul** (geb. 1981, www.hazul.pt), von dem auch die »gesichtslose Madonna« am Passeio das Virtudes stammt.

FESTE & VERANSTALTUNGEN

FESTKALENDER:

Februar: Essência do Vinho, internationale Weinmesse für Winzer, Weinhändler und Weinfans im Börsenpalast (www.essenciadovinhoporto.com).
Fantasporto, internationales Filmfest im Teatro Rivoli und anderen Sälen (www.fantasporto.com).
Mai: Queima das Fitas, Studentenfest mit Umzügen durch die Stadt und Konzerten im Parque da Cidade.
Mai/Juni: NOS Primavera Sound, alternatives Rock- und Popfestival im Parque da Cidade (www.nosprimaverasound.com).
Serralves em Festa, abwechslungsreiches, 50-stündiges Kulturevent im Serralves-Park.
Festas do Senhor de Matosinhos, dreiwöchiges Patronatsfest mit Prozessionen, aber auch vielen Konzerten, Feuerwerk und Jahrmarkt.
Juni: Festas da Cidade, mit vielen Konzerten, Kultur- und Sportevents feiert Porto über Wochen seine Stadtfeste, Höhepunkt ist die Noite de São João (s. u.).

PortoCartoon, Internationales Comicfestival im Museu da Imprensa.
Juli: MEO Marés Vivas, Rockfestival mit hochkarätigem Line-Up nahe der Douro-Mündung in Vila Nova de Gaia (maresvivas.meo.pt).
Jazz no Parque, Jazzfestival im Serralves-Park.
September: Meia Maratona do Porto, Halbmarathon (www.meiamaratonado porto.com).
Oktober: Festival International de Marionetas do Porto, Marionettentheaterfestival in diversen Locations (fimp.pt).
November: Porto Marathon, die 42,2 km gehen fast immer an den Ufern entlang (www.porto-marathon.com).
Dezember: Adventszeit, Porto erstrahlt im weihnachtlichen Lichterglanz, insbesondere die Praça Batalha, die Avenida Dom Afonso Henriques und der Praça General Humberto Delgado.
Silvester, Konzerte und Feuerwerk auf der Avenida dos Aliados.

💬 DIE NOITE DE SÃO JOÃO

In der Nacht vom 23. auf den 24. Juni – der Johannisnacht – steht Porto Kopf. Alles ist auf den Beinen, der Höhepunkt ist das mitternächtliche Feuerwerk über dem Douro. Niemand geht ohne Plastikhämmerchen aus dem Haus. Indem man sich damit gegenseitig auf den Kopf schlägt, vertreibt man die dunklen Gedanken. Vor dem Plastikzeitalter nutzte man dafür Lauchstängel, manche Bewohner halten bis heute an dieser Tradition fest. Überall duftet es nach Sardinen, die ebenso wie Zicklein – das Wappentier des bärtigen Schutzpatrons – auf offener Straße gegrillt werden. Dazu Bier oder Wein und viel Musik, und die Party kann losgehen. Am nächsten Tag findet die Regatta der *rabelos,* der bunt geschmückten historischen Portweinboote, statt. Ein fröhlich-buntes Spektakel auf dem Fluss. > mehr S. 17 Punkt **③③**

Installation von Joana Vasconcelos
in den Gärten der Serralves-Stiftung

TOUREN & SEHENSWERTES

IM HERZEN VON PORTO

Auf und Ab durch schmale und
steile Gassen in Portos Altstadt

Portos Herz schlägt zwischen dem Douro-Ufer und den markanten Türmen der Baixa – dazwischen geht es immer wieder auf und ab, doch dank der Hügel ergeben sich grandiose Aussichten über die Dächer der Stadt und hinunter zum Fluss.

Portos Innenstadt schaut stolz auf seine über 2000-jährige Geschichte, Teile der verwinkelten Altstadt mit ihren engen und steilen Gassen hat die UNESCO 1996 zum Welterbe erklärt. Beim ersten Blick auf eine Innenstadtkarte erscheint es einfach, Portos Zentrum in kurzer Zeit zu erkunden. Doch Vorsicht! Was auf der Karte aussieht wie ein Katzensprung, kann in Wahrheit einen schweißtreibenden Aufstieg bedeuten. Eigentlich liegen die einzelnen Stadtviertel im Herzen Portos ziemlich nah beisammen, doch immer wieder müssen kleinere und größere Höhenunterschiede überwunden werden. Der Douro hat sich im Lauf der Jahrtausende eben tief in den Granit gegraben, und an seinen steilen Uferhängen haben sich die Menschen niedergelassen. Wer gut zu Fuß ist und keine Treppen und Gassen scheut, kann die ganze City theoretisch an einem Tag ablaufen. Aber praktisch hat man mehr davon, wenn man sich zwischen den flussnahen Vierteln Miragaia und Ribeira und den höher gelegenen Straßen der Baixa, dem Kathedralenhügel oder dem Univiertel ein paar Verschnaufpausen gönnt.

Möglichkeiten dazu gibt es viele, beispielsweise auf einer der winzigen Terrassen am Flussufer, wo man bei einem kühlen *fino* (Bier) oder einem Portwein-Cocktail das funkelnde Glitzern auf dem Douro bewundern und den vorbeifahrenden Ausflugsschiffen zuschauen kann.

Einen weiteren Anreiz zum Innehalten bieten die Miradouros, die Aussichtspunkte in Parks und Gärten, von denen man den Blick über die Türme und den Fluss schweifen lassen kann bis hinüber zu den Portweinkellereien auf der anderen Seite des Douro oder bis zu seiner Mündung in den Atlantik.

Wer lieber durch die geschäftigen Straßen der Baixa flaniert und in den oft noch alteingesessenen Geschäften stöbert, findet danach in den historischen oder hippen Cafés des Viertels einladende Orte zum Verweilen.

Köstliche *pastéis de nata* im Café Majestic

TOUREN IM HERZEN VON PORTO

DIE BAIXA

VERLAUF: Avenida dos Aliados ›
Paços do Concelho (Rathaus) › Praça
das Cardosas › Estação de São Bento
› Igreja dos Congregados › Praça da
Batalha › Jardim de São Lázaro ›
Capela de Santa Catarina

KARTE: Seite 66
DAUER: ca. 1 Stunde reine Gehzeit
(mit Shopping und Pausen länger)
START: Ⓤ Trindade
ZIEL: Ⓤ Bolhão
PRAKTISCHE HINWEISE:
• Am besten shoppen und stöbern
  kann man vormittags ab 10 Uhr,
  sonntags ist die Baixa verlassener,
  viele kleinere Geschäfte sind dann
  geschlossen.

Im Gegensatz zu Lissabon steht der
Name »Baixa« in Porto nicht für die
»untere Stadt«, sondern für die Innenstadt, also Portos pulsierende
»Downtown«.

In die Baixa gehen die Portuenser, wenn sie ausgehen, shoppen
und stöbern möchten. Westlich der
Avenida dos Aliados befindet sich
das berühmteste Ausgehviertel, östlich die wichtigsten Veranstaltungs-
häuser und in der Gegend um die
Rua Santa Catarina passende Geschäfte. Oder sie kommen hierher,
um zu arbeiten. Vor allem Banker
sind in der Baixa beschäftigt, aber
auch kleinere oder größere Firmen
besitzen hier ein Büro. Dementsprechend viel los ist mittags in den
Restaurants, in die sich dank des
wachsenden Tourismus auch immer mehr Urlauber trauen. In der
Baixa gibt es viele Hotels und – zum
Leidwesen der Anwohner – auch
immer mehr Wohnungen, die nun
nicht mehr an Portuenser, sondern
an Touristen vermietet werden. Die
Einwohnerzahl in der Innenstadt
geht zurück, während sie im Umland steigt. Irgendwo müssen die
jungen Leute ja Wohnraum finden.
Auf der anderen Seite möbeln In-
vestoren die teilweise ziemlich he-
runtergekommenen Häuser auf.
Nicht mehr nur die in der Baixa
zahlreichen fliesenverzierten Kirchen funkeln in der Sonne – auch
immer mehr Häuserfassaden erstrahlen in neuem Glanz.

TOURSTART: IGREJA DA TRINDADE **1** ▮ H2

Die Kirche der Dreifaltigkeit fristet
im wahrsten Sinne des Wortes ein
Schattendasein. Sie wird so sehr
vom Rathausgebäude überragt, dass
kaum jemand von ihr Notiz nimmt.
Doch wenn man von der U-Bahn-
Station Trindade (an deren Seitenwand sich übrigens ein riesiges
Street-Art-Gemälde des lokalen
Künstlers Mr. Dheo befindet › S. 57)
in Richtung Avenida dos Aliados

spaziert, kommt man unweigerlich an der imposanten Kirche vorbei. Fast das gesamte 19. Jh. über wurde an dem neoklassizistischen Gotteshaus und dem Krankenhaus des Dreifaltigkeitsordens gearbeitet. Die Pläne gehen auf den Architekten Carlos Amarante zurück, er liegt in der Kirche begraben. In der Kirche kann man aufwendige Marmorarbeiten und Barockaltäre mit wertvollem *talha dourada* (vergoldetes Holzschnitzwerk) bewundern. Der Orden betreibt noch immer ein Krankenhaus, wenn auch nicht mehr in den einstigen Räumen hinter der monumentalen Hauptfassade (Rua da Trindade 115, Kirche: Mo–Fr 8–18, Sa 8–12 und 14.30–18, So 9–12 und 16–19 Uhr).

Ganz schön schick für eine McDonalds-Filiale

AN DER AVENIDA DOS ALIADOS ⭐ 🏛 H3/4

Wenn Portos Herz irgendwo am lautesten schlägt, dann auf der 250 m langen Prachtmeile zwischen Rathaus und Praça da Liberdade. Immer wieder gibt es hier Konzerte, die alljährliche Silvesterparty findet hier statt und in erfolgreichen Fußballjahren ist sie Schauplatz von rauschenden Meisterschaftsfeiern des FC Portos, sogar seinerzeit für eine Papstmesse. Zwischendurch dient sie als Meile für alle Arten von Demos, Kundgebungen und Paraden. ▶ mehr S. 12 Punkt ❹

Namensgeber für die vom englischen Architekten Barry Partner ursprünglich viermal so lang geplante Repräsentationsachse waren die Alliierten des Ersten Weltkriegs, der etwa in der Zeit tobte, als diese

vornehme Allee entstand. In viele der neobarocken Granitgebäude haben sich Banken eingenistet – wo sonst, wenn nicht hier? Man werfe ruhig mal einen Blick in deren exklusive Filialen. Oder in eine selten stilvolle McDonalds-Filiale, wo beeindruckende Kristalllüster über den Fastfood-Tischen hängen. Diese sind ebenso wie die Glasmalereien Überbleibsel des einstigen Café Imperial. Ähnlich künstlerisch, aber weniger fettig: Das alteingesessene **Café Guarany** schräg gegenüber ▶ S. 37 (Nr. 89, www.cafeguarany.com, tgl. 9–24 Uhr).

An der Nordseite des Platzes thront das neoklassizistische **Rathaus** 2 🏛 H3, dessen Bauzeit sich von 1920 bis 1957 hinzog – auch wegen des 70 m hohen Turms, der eigentlich sogar noch höher werden sollte. Wie so oft ließ man sich in

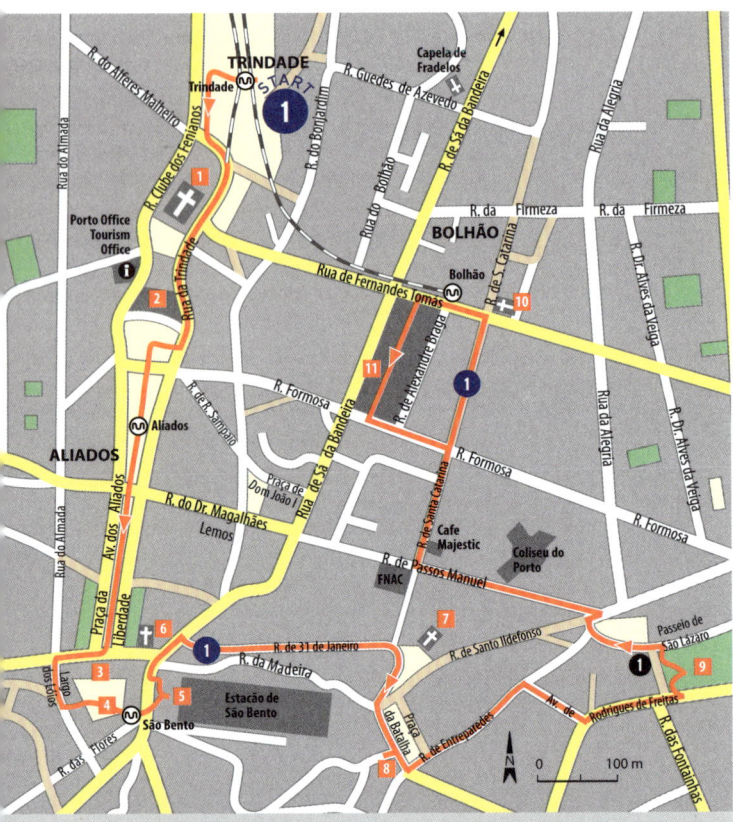

IM HERZEN VON PORTO

TOUR ❶

DIE BAIXA

1 Igreja da Trindade
2 Rathaus (Paços do Concelho)
3 Palácio das Cardosas
4 Praça das Cardosas
5 Estação de São Bento
6 Igreja dos Congregados

7 Igreja de Santo Ildefonso
8 Teatro Nacional de São João
9 Jardim de São Lázaro
10 Capela de Santa Catarina
11 Mercado do Bolhão

Sachen Baustil von anderen Europäern inspirieren, in diesem Fall kopierten die Baumeister von den Flandern und Nordfranzosen. Im Inneren schreitet man durch ein Treppenhaus aus schwarzem Marmor empor zu den Sälen – die portugiesische Bezeichnung **Paços do Concelho** (Rathauspalast) passt definitiv besser als der schnöde Begriff Rathaus.

Beim Flanieren über die Avenida dos Aliados fallen ein paar Skulpturen ins Auge: Direkt vor dem Rathaus steht eine Statue des Dichters, Schriftstellers und Politikers **Almeida Garrett,** der 1799 in Porto geboren wurde. Etwas weiter unten auf Höhe der Novo Banco schuf der Bildhauer Henrique Moreia eine Bronzestatue namens »Abundância«: Drei unverhüllte Jünglinge *(Os meninos)* wuchten eine Schale mit Wein, Obst und Blumen in die Höhe – vielleicht schon 1931 ein Mahnruf an die Überflussgesellschaft. Der selbe Künstler ein paar Meter weiter schon wieder mit einem nackten Objekt: Die *menina nua* kokettiert seit 1929 auf einem Brunnen sitzend mit ihrer Jugend, das Werk nennt sich »A Juventude«. Am südlichen Ende der Prachtmeile – sie heißt hier bereits **Praça da Liberdade** – ehrt eine bronzene Reiterstatue den **König Pedro IV.,** der im 19. Jh. für eine liberalere und weniger absolutistische Monarchie kämpfte und dafür sogar einen Bürgerkrieg gegen seinen eigenen Bruder Miguel führte (und diesen mithilfe der Einwohner Portos auch gewann).

Nach Süden hin schließt der prachtvolle **Palácio das Cardosas** ❸ ▌H4 das Ensemble der Avenida dos Aliados ab. Schon im späten 15. Jh. entstand hier das Kloster Convento dos Lóios, das die Mönche im frühen 19. Jh. erweitern wollten. Doch erst brachten es die Kriegswirren des Miguelistenkrieges ins Stocken, dann 1834 die Säkularisierung mit der Abschaffung aller Ordensgemeinschaften. Das halbfertige Gebäude kam unter den Hammer. Der Käufer, ein Händler namens Cardoso dos Santos, begann mit der Fertigstellung, vollendet wurde der Palast jedoch erst von seiner Frau und seinen Töchtern, da er vorher starb. So erhielt der Palast den Namen der weiblichen Familienmitglieder – Palácio das Cardosas. Seit 2011 residiert dort ein elegantes Luxushotel in bester Lage › S. 34 (Praça da Liberdade 25, Tel. 220035600, www.ihg.com/intercontinental/hotels/gb/en/porto).

PRAÇA DAS CARDOSAS ❹ ▌H4

Ein kleiner Schlenker um die Ecke, schon steht man in einem der interessantesten Hinterhöfe der Innenstadt: Direkt hinter dem Hotel Intercontinental verbirgt sich seit 2012 ein Beispiel für mustergültige Sanierung und Schaffung von Wohnraum. Alte, heruntergekommene Häuser wurden vorbildlich restauriert, ein moderner Platz angelegt und mit Leben gefüllt. Von Zeit zu Zeit finden im Hof Floh-Gastronomie- und Designermärkte mit Musik- und Kulturprogramm statt. Ankündigungen entnimmt

Eines der vier Reliefs über die menschlichen Neigungen an der Fassade des Teatro Nacional de São João

man den Plakaten »Urban Market« (Zugang: vom Largo dos Lóios und gegenüber vom São-Bento-Bahnhof).

ESTAÇÃO DE SÃO BENTO

 H4

Das soll ein Bahnhof sein? Die Eingangshalle mit ihren 20 000 Azulejos steht in ihrer Pracht so manchem Königspalast oder Kirche in nichts nach. Zu Recht gilt der São-Bento-Bahnhof als einer der schönsten der Welt. Zu verdanken ist das vor allem dem Azulejo-Künstler Jorge Colaço, der damit die Bahnhofshalle auf einer Fläche von 550 m² verzierte. Zu sehen sind einerseits bunte Szenen aus der Landwirtschaft, dem Weinbau und dem Transportwesen. Zum anderen gibt es eine blau-weiße Geschichtsstunde: Rechts sind König João I. und Filipa von Lencastre bei ihrem Hochzeits-Einzug in die Stadt im Jahr 1387 zu bewundern, darunter ihr Sprössling Heinrich der Seefahrer bei der Eroberung von Ceuta 1415 (nach seiner ersten – und so gut wie einzigen Seefahrt). Gegenüber erzählt Colaço von der blutrünstigen Schlacht von Arcos de Valdevez im Jahr 1140 gegen die Kastilier, aus der Dom Afonso Henriques als erster König von Portugal hervorging. Zeitlich etwas davor liegt die Szene darunter, in der sich der adlige Hauslehrer Egas Moniz dem kastilischen Herrscher Alfonso VII. unterwirft.

Hinter der eindrucksvollen Eingangshalle des Kopfbahnhofs beginnen die Gleise. Sie verschwinden bald in den Berg. Erst aufwendige Tunnelsprengungen machten die lang ersehnte Verbindung zum

2,7 km außerhalb der Innenstadt gelegenen Bahnhof Campanhã möglich. Die erste Dampflok fuhr 1896 auf dem damals noch von Holzbaracken gesäumten Gelände des einstigen Frauenklosters São Bento de Ave Maria ein; vom Bahnhofsgebäude selbst war zu der Zeit noch nichts zu sehen, es wurde erst 1916 endgültig eingeweiht.

IGREJA DOS CONGREGADOS
6 ▐ H4

Gleich neben dem Bahnhof die nächste Azulejo-Pracht: Farbenfroh verzierte Jorge Colaço 1929 die Fassade der 1703 eingeweihten Kirche der Congregação de São Filipe Néri. Schon im 17. Jh. stand hier eine kleine Kapelle der Antonius-Bruderschaft, deshalb erzählen die Fliesenbilder aus dem Leben des Heiligen Antonius (tgl. 7.15–18.30 Uhr, www.igrejacongregados.com).

PRAÇA DA BATALHA ▐ J4

Und weiter geht es mit blau-weißen Azulejos. Am oberen Ende der lebhaften Schuhgeschäftstraße Rua 31 de Janeiro und am Nordende der langgezogenen Praça da Batalha thront schon von Weitem sichtbar die **Igreja de Santo Ildefonso** **7** ▐ J4. Der westgotische Abt Hildefuns wurde 657 zum Erzbischof von Toledo ernannt, Szenen aus dem Leben des vor allem auf der iberischen Halbinsel verehrten Heiligen verewigte Jorge Colaço 1932 auf den 11 000 Fliesen der Fassade. Die barocke Kirche selbst entstand bereits 200 Jahre vorher, in ihrem Inneren schuf Nicolau Nasoni um 1730 ei-

nen gold verzierten Altaraufsatz, es war eines seiner ersten Werke in Porto.

Die Kirche ist nicht das einzige beeindruckende Gebäude am »Schlachtplatz« (die Praça da Batalha ist nach den Scharmützeln zwischen Mauren und Christen während der Reconquista im 10. Jh. benannt). Seit 1798 steht an der Südseite das **Teatro Nacional de São João** **8** ▐ J4, die heutige eklektizistische Version stammt allerdings aus dem frühen 20. Jh., das vorherige Operngebäude brannte 1908 ab. Zeitweise zum Kinosaal degradiert, gewann das Theater in den 1990er-Jahren dank staatlicher Investitionen neuen Glanz – und den Titel »Nationaltheater«. (Führungen Di, Sa um 12.30 Uhr, 6 €, www.tnsj.pt).

Einst war die Praça da Batalha ein wahrer Hotspot der Abendunterhaltung, doch vom 1947 gebauten und 2006 sanierten **Cine-Teatro Batalha** ist (momentan zumindest) außer der imposanten Art-déco–Fassade nicht mehr viel übrig, auch wenn sich die Stadt um eine Wiedereröffnung des über 900 Zuschauer fassenden Saals bemüht. In das ebenfalls im Art-déco-Stil gebaute Kino **Águia d'Ouro** zog vor ein paar Jahren ein Hotel ein.

JARDIM DE SÃO LÁZARO
9 ▐ J/K4

Namensgeber für den 1834 eingeweihten Garten war der Schutzheilige des Krankenhauses, das sich im 17. Jh. in diesem Teil der Stadt um Leprakranke kümmerte. Kein geringerer als König Pedro IV. gab den Bau des Gartens in Auftrag, er wollte den Frauen der Stadt während der Belagerung durch die napoleonischen Truppen 1833 etwas Freude bereiten. Danke, Pedro! So bekam Porto seine erste öffentliche Grünanlage, es ist die älteste der Stadt. Mehrere Brunnen und Statuen der renommierten Bildhauer Soares dos Reis und Henrique Moreira verteilen sich über den romantischen Park, der im Frühjahr mit bunten Tulpenbeeten aufwartet. Der barocke Marmorbrunnen an der Nordseite gehörte früher zum Dominikanerkloster, bevor man ihn am Rand des Gartens aufstellte. Apropos Barock: Die Fassade der Kirche des **Colégio Nossa Senhora da Esperança** an der Südseite trägt die Handschrift des großen Baumeisters Nicolau Nasoni. Dass sich im Jardim de São Lázaro so viele Schüler und Studenten tummeln, liegt zum einen an dieser katholischen Sekundarschule, zum anderen an der nahe gelegenen Kunstfakultät und an der **Stadtbücherei** an der Ostseite des Gartens. Seit 1842 nutzt sie die Gemäuer des ehemaligen Convento de Santo António da Cidade und ist damit eine der ältesten und größten öffentlichen Bibliotheken des Landes (Garten: tgl. 9–19, April–Sept. bis 20 Uhr).

ZWISCHENSTOPP: CAFÉ

Dama Pé de Cabra ❶ € 📖 J4

Wer die süßen Teilchen oder die köstlichen *petiscos* (Tapas) aus lokalen Zutaten genießt, kann seine Freude darüber mit Kreide an die Tafel schreiben. Das kleine Café ist ideal für einen Brunch oder Mittagssnack.

• Passeio de São Lázaro 5 | Tel. 223196776 www.facebook.com/damapedecabra Di–Do 9.30–15.30, Fr–Sa 9.30–15.30 und 19.30–22 Uhr

RUA DE SANTA CATARINA 📖 J3/4

Wenn es ums Shoppen geht, ist die Straße der Heiligen Katharina ohne Zweifel die erste Wahl der Portuenser. Zwischen der Rua de Passos Manuel › mehr S. 14 Punkt ⓫ und S. 16 Punkt ㉗ und der Rua de Guedes Azevedo ist sie auf einer Länge von 1,5 km für Fußgänger reserviert – dem Flanieren steht also nichts im Wege. Blicken Sie auch mal auf die kunstvollen Hausfassaden (und

---

💬 **PORTUGIESISCHE KAFFEEKUNDE**

Unter einem ganz normalen *café* versteht man in Portugal einen Espresso, in Porto auch oft *cimbalino* genannt. Eine volles Tässchen wäre ein *café cheio*. Mit etwas Milch nennt man ihn dann *garoto*, mit Schnaps *café com cheirinho* und mit ordentlich Wasser gestreckt (und wie der *café duplo* in einer etwas größeren Tasse) *abatanado*. Die portugiesische Variante des Latte macchiato ist der *galão*, ihn schlürft man man gerne im Glas am Morgen oder wenn man mehr Zeit hat. Cappuccino bestellen übrigens nur Touristen, nicht in jedem Café weiß man, wie er zuzubereiten ist!

Beeindruckende Azulejo-Fassade der Capela de Santa Catarina an der Rua Santa Catarina

nicht nur in die Schaufenster der Modeketten). Da gibt es noch so manches Schätzchen aus der Belle Époque zu bewundern. Allen voran natürlich das Café **Majestic,** in dessen prachtvollem Spiegelsaal seit 1921 fast schon Pariser Glamour herrscht › S. 37 (Nr. 112, www.cafe majestic.com, Mo–Sa 9–23.30 Uhr).

Das **Grande Hotel do Porto** › S. 34 mit seiner beeindruckenden Fassade im viktorianischen Stil eröffnete 1880 seine Türen, es ist das älteste der Stadt und hat in seinen besten Zeiten schon so manche Stars und Sternchen beherbergt (Nr. 197, Tel. 222076690, www.gran dehotelporto.com).

Auch wenn man bisher noch eher an den Auslagen der Geschäften interessiert war, spätestens an der **Capela de Santa Catarina** 10 📖 J3 ist jeglicher Konsumrausch vergessen: Die Kapelle, die der Stra-

ße ihren Namen gab, ist über und über mit blau-weißen Azulejos verziert. Auf rund 360 m² Wandfläche brachte man im Jahr 1929 exakt 15 947 von Künstler Eduardo Leite bemalte Fliesen an. So können sich Flaneure auf der Rua Catarina während des Shoppens bilden und Szenen aus dem Leben des Heiligen Franz von Assisi und die Martyrien der Heiligen Katharina von Alexandrien bestaunen. Interessanterweise mischen sich auch noch Geschichten der jungfräulichen Katharina von Siena dazwischen.

Im Inneren ist die Anfang des 18. Jhs. gebaute Kapelle weniger spektakulär – neoklassizistische Altäre präsentieren diverse Heilige, u. a. die »Muttergottes der Seelen« aus der Anfangszeit des Gotteshauses, die für den eigentlich Kapellennamen (**Capela das Almas**) verantwortlich ist.

BEI REGEN

- **Museu da Farmácia:** Wenn es allzu sehr schüttet, ist ein ungewöhnliches Museum die beste Medizin: Hier gibt es so manche Kuriosität aus der Welt der Medikamente und alte Apothekenschätze zu entdecken. Rua Engº Ferreira Dias 728 Ⓜ Ramalde | Tel. 226 167 995 Mo–Fr 10–18, Sa 14–18 Uhr | 6,50 € www.museudafarmacia.pt.
- **Pavilhão da Água:** Auch im »Wasserpavillon« im Parque da Cidade dreht sich alles ums Wasser. Interaktiv und anschaulich wird die Energiegewinnung per Wasserkraft erklärt. › S. 117f.
- **Casa da Música:** Wenn der Regen auf das Dach des futuristischen Konzerthauses prasselt, hört man davon im akustisch ausgefeilten Saal nichts – beste Zeit also für eine Führung oder ein Konzert. › S. 16, 106
- **Portweinkellerei:** Man kann sich das Wetter auch schön trinken: Nach einer Führung durch eine der *caves* in Vila Nova de Gaia probieren Sie sich durch die edlen Portweine. › S. 130
- **Museu Nacional de Soares dos Reis:** Endlich Zeit für einen ausführlichen Besuch im wichtigsten Nationalmuseum Portos. › S. 95
- **Kathedrale und Bischofspalast:** Mit dem Kombiticket kommen Sie günstiger ins katholische Heiligtum Portos. › S. 74

MERCADO DO BOLHÃO

Schon Mitte des 19. Jh. fanden auf einer von der Stadt zur Verfügung gestellten Wiese die ersten Märkte statt. Da unter dem oft schlammigen Untergrund eine große *bolha* (Wasserblase) vermutet wurde, nannte man den Ort im Volksmund schnell »Markt der großen Wasserblase«. Der Name blieb, auch nachdem man 1914 das heutige Gebäude mit seinen neoklassizistischen Fassaden und den überdachten Galerien im Inneren einweihte.

Schon in den 1980er-Jahren stellte man fest, dass der Untergrund der doppelstöckigen Markthalle instabil geworden und die Konstruktion einsturzgefährdet war, doch es zog sich noch bis 2018 hin, bis die Händler in die provisorischen Räume ins Untergeschoss des Via Catarina-Shoppingcenters umzogen und die Bagger anrückten. Sobald die Bauarbeiten endgültig abgeschlossen und alle Händler wieder eingezogen sind, kann man im »Bolhão« wieder frischen Fisch und knackiges Obst und Gemüse, duftende Blumen und Gewürze und wohl auch so manches Souvenir kaufen, es wird dort außerdem wieder Veranstaltungen geben, denn der Mercado do Bolhão ist schließlich eine beliebte Touristenattraktion in der Stadt (www.mercadobolhao.pt). › mehr S. 14 Punkt ⓭

So oder so lohnt es sich, durch die umliegenden Läden zu stöbern, da gibt es noch echte Schätze aus vergangenen Zeiten zu entdecken › mehr S. 18 Punkt ㊵.

TOUR 2

KATHEDRALENVIERTEL & RUA DAS FLORES

VERLAUF: Terreiro da Sé › Bischofs-palast › Kathedrale Sé › Bairro da Sé › Igreja de São Francisco › Palácio da Bolsa › Rua das Flores

---

KARTE: Seite 76
DAUER: ca. 45 Min. reine Gehzeit (mit Besichtigungen der Kirchen und des Börsenpalasts entsprechend länger)
START: Haltestelle Largo 1º Dezem-bro (Buslinien 207, 203, 400, 904, 905)
ZIEL: Ⓤ São Bento
PRAKTISCHE HINWEISE:
• So/Mo sind einige der Sehens-würdigkeiten geschlossen.

Auf dem fast 80 m hohen mächti-gen Granithügel **Pena Ventosa** (sturmumtoster Fels) hoch über dem Douro, auf dem seit dem 12. Jh. die Kathedrale thront, be-gann Portos Geschichte. Hier sie-delten sich im 1. Jh. v. Chr. die Rö-mer an, vor ihnen gab es bereits keltische Siedlungen. Die ältesten Funde stammen gar aus dem 8. Jh. v. Chr. Vom ehrwürdigen Porto der Bischöfe, die bis ins frühe 15. Jh. auch die weltliche Stadt regierten, sind es nur ein paar Schritte ins ein-fache Gassenviertel Bairro da Sé, das lange Zeit als Drogensumpf und

No-Go-Area galt. Heute kann man dank der Sozial- und Sanierungs-programme wieder gefahrlos hin-durch schlendern. Kaum ist man raus aus den schmalen Gassen, gibt es plötzlich ein ganz anderes Porto zu bestaunen: breite Straßen und Plätze, eine prachtvolle Kirche und ein pompöser Börsenpalast. Wieder ein paar Schritte weiter folgen ge-mütliche Cafés, Lädchen – und Blu-men. Die Rua das Flores hat sich in den letzten Jahren zur wohl schöns-ten und farbenfrohesten Straße der Stadt gemausert.

TOURSTART: IGREJA DE SANTA CLARA 1 🏛 H5

Durch ein fast unscheinbares Portal betritt man den Innenhof, in dem sich die frisch restaurierte gotische Kirche Santa Clara versteckt. König João I. stiftete den Klarissinnen anno 1416 ein Kloster, neben der mittelalterlichen Stadtbefestigung begann man mit dem Bau. Gut zehn Jahre später konnten die Nonnen einziehen. Damals war die Kirche noch äußerst schlicht, erst im 18. Jh. bekam sie ihren barocken Innen-dekor, der heute zu den spektaku-lärsten des Landes zählt. Aus brasili-anischem Edelholz schnitzen die Künstler um 1730 die Verkleidung des Chores, 1744 wurde auch das Kirchenschiff vergoldet, das Blatt-gold stammte ebenfalls aus Brasi-lien. Die vielen verschiedenen For-men, Girlanden, Skulpturen, Säulen, Wirbel und Muscheln muss man erst einmal auf sich wirken lassen. Im Gegensatz zur ebenfalls mit wertvoller *talha dourada* ausstaffierten Franziskanerkirche ist das Ensemble hier viel einheitlicher, weil die Veränderungen des Barock und Rokoko in kurzem zeitlichen Abstand passierten (Largo 1° de Dezembro, Kirche: Mo–Fr 10–12.30 und 14.30–17, Sa 10–12.30 Uhr).

TERREIRO DA SÉ ▮ H5

Auch wenn es auf den ersten Blick wie ein perfektes historisches Ensemble wirkt: Auf dem Kathedralenhügel ist nicht alles so alt, wie es scheint. Der wuchtige **Bischofspalast** an der Südseite entstand beispielsweise erst im 18. Jh., übrigens war hier mal wieder Nicolau Nasoni am Werk. Der Palast beherbergt heute die Diözesanverwaltung, viele der prachtvollen Säle sind neuerdings zu besichtigen (Bischofspalast: Mo–Sa 9–13, 14–18 Uhr, 3 €).

Die Reiterstatue des Ritters **Vimara Peres,** der während der Reconquista im 9. Jh. zu Heldenruhm kam, wurde 1968 vom Diktator Salazar aufgestellt, der reich verzierte **Schandpfahl** schon 1945. Die beiden steinernen Kuben am Nordrand des Terreiros da Sé stehen zwar auf mittelalterlichen Ruinen, stammen aber auch aus dem 20., teils 21. Jh., obgleich der untere Turm einen Zinnenkranz trägt. In ihm befindet sich ein Tourismusbüro.

Wirklich alt sind die Grundmauern der **Kathedrale** **2** **3** ▮ H5. Wie die ab 1120 erbaute Sé do Porto (aus dem lat. *sede:* Bischofssitz) in ihrer Anfangszeit aussah, kann man sich auf dem Fliesenbild im São-Bento-Bahnhof anschauen: Im Hintergrund des Einzugs von João I.

und Filipa de Lencastre anlässlich ihrer Hochzeit sieht man den ursprünglichen romanischen Bau. Von der mittelalterlichen Wehrkirche ist heute noch die Rosette über dem Hauptportal erhalten. Die mächtigen Türme verzierte Nicolau Nasoni im 18. Jh. mit den runden Kuppelaufsätzen, die Nordfassade schmückte er mit einer barocken Loggia. Im fensterlosen Inneren ist der Stilmix noch eklatanter, hier lassen sich praktisch Umbauten aus allen Stilepochen finden – jeder Bischof wollte sich mit neuen Akzenten verewigen.

Besonders wertvoll sind die Altäre aus dem 18. Jh., zum einen der vergoldete Hauptaltar mit Triumphbogen auf salomonischen Säulen, zum anderen der Silberaltar im linken Querschiff. 700 kg Silber sollen die Goldschmiede für die Capela do Santíssimo Sacramento verarbeitet haben, 100 Jahre haben sie und ihre Nachkommen dafür gebraucht. Im rechten Querschiff steht Portos Stadtheilige, die Senhora de Vandoma aus dem 16. Jh. Der gotische Kreuzgang aus dem späten 14. Jh. wurde später mit kunstvollen Azulejos verziert, er lässt sich gemeinsam mit der Kathedrale, der Schatzkammer, dem Turm und dem Kapitelhaus besichtigen (Terreiro da Sé, www.diocese-porto.pt, tgl. 9–17.30, April–Okt. bis 18.30 Uhr, 3 €, Kombiticket mit dem Bischofspalast 5 €).

RUA DE DOM HUGO ▮ H5

Halbkreisförmig umrundet eine der ältesten Straßen der Stadt den Südosthang des Kathedralenhügels.

Nordfassade der Kathedrale Sé mit der Reiterstatue des Vimara Peres

Obwohl sich hier historische Schätze wie zum Beispiel ein Wohnhaus aus dem frühen 14. Jh. und Ausgrabungen aus den Anfängen der Besiedlungszeit befinden – **Arqueossítio da Rua de Dom Hugo** (Nr. 5, Di–So 10–17.30 Uhr, Eintritt frei) – ist der Weg weniger bekannt. Er beginnt am **Chafariz do Anjo,** einem von Nicolau Nasoni im 18. Jh. gebauten öffentlichen Brunnen. Auch das Gebäude mit der Nr. 32 hat der umtriebige Italiener entworfen, er baute es um 1730 als Wohnhaus für einen Domherr. 1940 kaufte es die Tochter des berühmten Lyrikers und Politikers Guerra Junqueiro (1850–1923), um es der Stadt zu stiften und die wertvollen Hinterlassenschaften ihres Vaters der Öffentlichkeit zugänglich zu machen. Zur **Casa-Museu Guerra Junqueiro 3** 🏛 H5 gehört ein ruhiger Innenhof, in dem eine preisgünstige Cafeteria zu einer Pause einlädt (Museum: Di–So 10–17.30 Uhr, 2,20 €, am Wochenende gratis).

Geht man die Rua de Dom Hugo weiter, erreicht man am Fuße des Bischofspalastes die manieristische **Capela Nossa Senhora das Verdades 4** 🏛 H5 aus dem späten 17. Jh. Die Kirche ist frisch restauriert und dient nun als Pilgerbüro des Portugiesischen Jakobswegs, den viele Pilger in Porto beginnen (Kirche/Pilgerbüro: Di–So 10 bis 17.30 Uhr).

BAIRRO DA SÉ

Einst heruntergekommen, heute Vorzeigeobjekt. Viele der engen und schmalen Häuser im Gassenviertel am Fuße der Kathedrale wurden in den letzten zwei Jahrzehnten saniert, verschiedene Programme verbesserten die soziale Situation der meist alteingesessenen, aber häufig alten oder arbeitslosen Bewohner. Inzwischen geben sich die Gässchen rund um die Rua de Santana erfreulich herausgeputzt, ein paar hübsche Lokale haben sich hier niedergelassen, und man muss sich in der Regel nicht mehr vor Überfällen

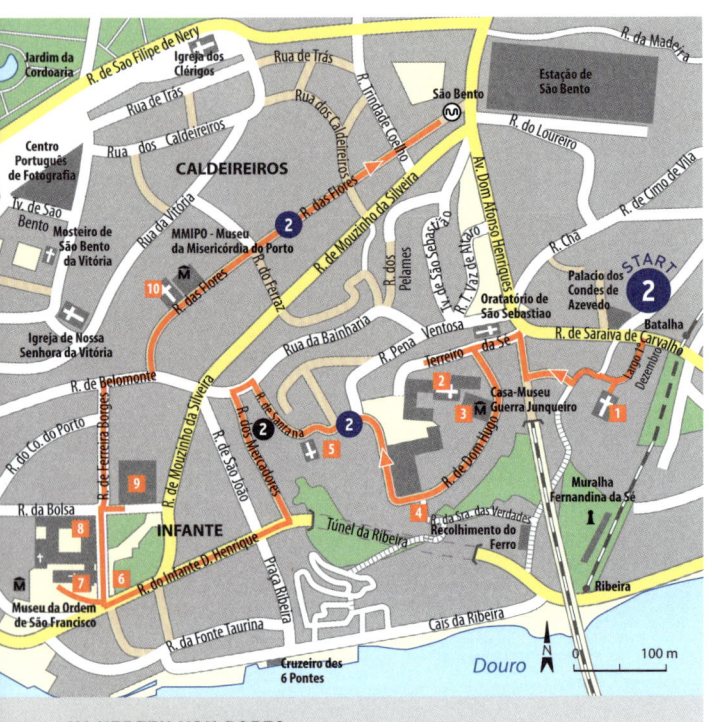

IM HERZEN VON PORTO

TOUR ②

KATHEDRALENVIERTEL & RUA DAS FLORES

1 Igreja de Santa Clara
2 Kathedrale
3 Casa-Museu Guerra Junqueiro
4 Capela Nossa Senhora das Verdades
5 Igreja de São Lourenço

6 Jardim do Infante Dom Henrique
7 Igreja de São Francisco
8 Palácio da Bolsa
9 Mercado Ferreira Borges
10 Igreja da Misericórdia

und Drogendealern fürchten, auch wenn noch immer nicht alles eitel Sonnenschein ist.

Am oberen Ende des Viertels erhebt sich die **Igreja de São Lourenço** 5 ▮ G/H5. 1573 begann unter dem Architekten Balthasar Álvares der Bau dieser einstigen Jesuitenkirche, es sollte die erste mit Stilmerkmalen des Manierismus werden. Doch die Jesuiten hatten wenig von ihrer Kirche, 1759 (nur 50 Jahre nach der Fertigstellung) wurden sie überall in Portugal des Landes verwiesen. Stattdessen zogen die Barfüßigen Augustiner in die granitenen Gemäuer, sie brachten den im Volksmund genutzten Zweitnamen **Igreja dos Grilos** mit. Seit 1958 dient die Kirche als Museum für sakrale Kunst und Archäologie, es gibt eine beachtliche Sammlung an religiösen Skulpturen aus den letzten acht Jahrhunderten sowie Ausgrabungsstücke aus vorrömischer Zeit. Grandios ist die Aussicht von beiden Kirchtürmen (Largo do Colégio, www.facebook.com/masa.smp.pt, Museum: Mo–Fr 10–18, Sa 10 bis 13.30, 14.30–18 Uhr, 3 €).

ZWISCHENSTOPP:
CAFÉ-RESTAURANT

Português de Gema 2 €–€€ ▮ G5
Nur wenige Schritte von dem in eine Nische zwischen Fels und Haus eingelassenen Gebetsaltar zu Ehren der Heiligen Anna verbirgt sich hinter restaurierten Natursteinwänden ein tolles Lokal. Viele der freundlichen Mitarbeiter waren obdachlos, bevor sie in diesem Sozialprojekt Arbeit fanden, heute servieren sie regionaltypische Gerichte zu fairen Preisen.

• Rua de Santana 33 | Tel. 222400033
Mo–Do 12–23, Fr–Sa bis 24 Uhr

JARDIM DO INFANTE DOM HENRIQUE 6 ▮ G5

Nicht weit vom Casa do Infante, in dem 1394 der wohl bekannteste Prinz Portugals geboren wurde › S. 48, 85, erhebt sich seit 1900 inmitten einer Grünanlage die Statue zu Ehren von Heinrich dem Seefahrer. Neben sich einen Globus, weist der ritterlich gekleidete Königssohn entschlossen in Richtung Meer, zu Füßen des Sockels symbolisieren Bronzefiguren den Erfolg der von ihm im 15. Jh. initiierten Entdeckungsfahrten. Der Bildhauer Tomás Costa werkelte sechs Jahre an diesem Denkmal. Den ersten Stein (der per Schiff aus Sagres geholt wurde) hatte König Carlos I. bereits 1894 geweiht.

IGREJA DE SÃO FRANCISCO 7 ⭐ ▮ G5

Viele Jahrzehnte dauerte der Bau der gotischen Franziskanerkirche – kaum zu glauben, dass in dem 1410 eingeweihten Gotteshaus einst die Mönche eines Bettelordens beteten. Denn von schlichter Gotik ist in der heute als Museum zugänglichen Kirche nichts mehr zu sehen: Sie ist über und über mit barocker *talha dourada* verziert, als Besucher bekommt man beim Anblick erst einmal einen Goldschock. › mehr S. 16 Punkt ❸⓿ Wenn man dann genauer hinschaut, erkennt man im rechten Seitenaltar die blutrünstige Darstellung von fünf Franziskanermönchen, die als Märtyrer in Marokko

So pompös wie der ganze Palácio da Bolsa ist auch das Treppenhaus

starben. Gegenüber erhebt sich der Stammbaum Jesu mit der Wurzel Jesse und der darunter in einem Boot liegenden Senhora da Boa Viagem, der Muttergottes der guten Reise. Bei der Finanzierung all dieser Meisterwerke des späten 17. und frühen 18. Jhs. halfen reiche Familien der Stadt, teilweise fanden sie dank ihrer Spende im angeschlossenen Katakombenfriedhof ihre letzte Ruhe. Ob allerdings die unzähligen Knochen im Ossarium (Beinhaus) mal frommen Mönchen oder reichen Bürgern gehörten, lässt sich heute nicht mehr sagen (Rua da Bolsa 80, http://ordemsaofrancisco. pt/igrejamuseu, Kirchen, Katakomben und Museum: März–Okt. tgl. 9–19, Juli–Sept. bis 20, Nov.–Feb. bis 17.30 Uhr, 7,50 €).

PALÁCIO DA BOLSA 8 ⭐ 📖 G5

Dass in Porto das Bürgertum und die Händler – und nicht die Monarchen das Sagen hatten, wird nirgendwo so deutlich wie am pompösen Börsenpalast. Na gut, das Gelände des während der Miguelistenkriege abgebrannten Franziskanerklosters stiftete Königin Dona Maria II. im Jahr 1834 der Handelskammer, doch den neoklassizistischen Prunkbau selbst finanzierten die Mitglieder aus eigener Tasche. Aber das war nicht der einzige Grund, dass der Bau so lange dauerte: Es sollte eben alles vom Feinsten sein – oder zumindest so aussehen. Repräsentation war alles. Allein an dem opulenten Treppenhaus aus Marmor und Granit arbeitete man 40 Jahre. Einige der Kronleuchter wiegen eine Tonne und im Arabischen Saal sollten sich die Handelspartner wie in der Alhambra in Granada fühlen. › mehr S. 15 Punkt ㉒ Die *Associação Comercial do Porto* nutzt den 1909 endgültig fertiggestellten Börsenpalast noch immer und vermietet ihn für Veranstaltungen, nur das Handelsgericht tagt hier nicht mehr (Rua de Ferreira Borges, https://palaciodabolsa.com, nur geführte Besichtigungen, 45 Min., Nov.–März 9–13, 14–17.30, April–Okt. bis 18.30 Uhr, 11 €).

MERCADO FERREIRA BORGES

9 ▮ G5

Am oberen Ende der Praça do Infante Dom Henrique thront unübersehbar eine knallrote, eiserne Markthalle. Man eröffnete sie 1885, um den Fischverkäufern des Douro-Ufers hygienischere Bedingungen zu bieten. Doch weder die Händler, noch die Kunden waren daran interessiert. Heute veranstaltet der **Hard Club** in der einstigen Markthalle Konzerte und Kulturevents, im Obergeschoss befindet sich das ziemlich angesagte Restaurant No Mercado (Praça do Infante Dom Henrique, www.hardclubporto.com, Restaurant: So–Do 10.30 bis 24, Fr/Sa bis 1 Uhr).

RUA DAS FLORES ▮ G4/5

König Manuel I. höchstpersönlich ließ die »Blumenstraße« Anfang des 16. Jhs. anlegen, in einer Zeit, als die hier ansässigen Klöster noch von Feldern und Blumenwiesen umgeben waren. Bald ließen sich zwischen den Klöstern von São Bento

und São Domingos die ersten Adligen und Silberschmiede nieder. Die 1542 gepflasterte Rua das Flores wurde zur Nobeladresse und vornehmen Handelsstraße. Noch immer sind an den Fassaden Adelswappen zu erkennen. An anderen Fassaden sieht man, dass hier einst luxuriöse Güter wie Seide oder Porzellan verkauft wurden. Doch dann verfiel die einst eleganteste Straße.

Davon ist zum Glück nichts mehr zu sehen: Heute erstrahlt die zur Fußgängerzone erkorene Blumenstraße wieder in schönstem Glanz, Plastikblumen schmücken die schmiedeeisernen Geländer und bunte Street-Art-Bilder die Stromkästen. Hippe Cafés und Szeneläden sorgen für buntes Leben. Sogar der ein oder andere alteingesessene Juwelier hat überlebt.

Am unteren Ende der Rua das Flores erhebt sich seit dem 16. Jh. die **Igreja da Misericórdia** **10** ▮ G5, deren Fassade im 18. Jh. von Nicolau Nasoni einen barocken Schliff erhielt. Im Inneren ist die Renaissancekirche ungewöhnlich schlicht, sie beherbergt inzwischen sakrale Kunst.

Das **Museu da Misericórdia (MMIPO)** ist erstaunlich interessant, es erzählt auch von den Veränderungen in diesem Teil der Stadt und wie sich die Wohlfahrtsorganisation Santa Casa da Misericórdia mithilfe der Erlöse aus einer Lotterie heutzutage noch immer um viele Bedürftige kümmert (Rua das Flores 15, www.mmipo.pt, Museum: tgl. 10–17.30, im Sommer bis 18.30 Uhr, 5 €).

TOUR 3

RIBEIRA

VERLAUF: Ponte Dom Luis I. > Cais da Ribeira > Ascensor da Ribeira > Torre da Rua de Baixo > Torre da Reboleira > Museu do Vinho do Porto > Casa do Infante

KARTE: Seite 82
DAUER: ca. 30 Min. reine Gehzeit (mit Besichtigungen entsprechend länger)
START: (Standseilbahn-Haltestelle) Ribeira – Funicular dos Guindais
ZIEL: Haltestelle Ribeira (Buslinien 900, 901, 906)
PRAKTISCHE HINWEISE:
• Der Ascensor da Ribeira ist am Wochenende nicht in Betrieb, das Portweinmuseum ist Mo geschl.

Was einst ein heruntergekommenes Hafenviertel war, das bis zum Bau der Douro-Staustufen regelmäßig von Hochwasser überflutet wurde, ist heute Portos Aushängeschild. Die bunten, oft kaum mehr als 6 m breiten Häuser am Flussufer stehen wie kaum ein anderes Motiv für die nordportugiesische Stadt. Schaut man sich das Altstadtviertel aus der Nähe an und streift auch mal durch die hinteren Gässchen, findet man noch so manche mittelalterliche Schätze. Die Gegensätze könnten kaum größer sein: Vorne am Ufer sonnige Terrassen, aufgemöbelte

lokale, schicke Hotels und entzückte Touristenmassen, wenige Schritte weiter oben schmale Gassen mit winzigen, wenn auch inzwischen meist sanierten Wohnungen.

TOURSTART: FUNICULAR DOS GUINDAIS (RIBEIRA) 1 H5

1891 rumpelte zum ersten Mal eine Standseilbahn zwischen dem Flussufer und dem über 60 m höher gelegenen Ausläufer des Batalha-Platzes hin und her. Die Pläne stammten von Eiffel-Schüler Raul Mesnier de Ponsard, er war untröstlich, als der Bahnbetrieb nach einem schweren Unfall nur zwei Jahre nach der Jungfernfahrt eingestellt wurde. Über 100 Jahre später nutzte man die alte Trasse für den Bau einer zeitgemäßen Verbindung, die nun beim Überwinden des Höhenunterschiedes hilft, auf den letzten 90 m der 281 m langen Strecke sogar durch einen Tunnel. Allein für die Aussicht lohnt sich die Fahrt, verläuft diese doch direkt neben und unterhalb der alten **Muralha Fernandina,** der Stadtmauer, die im 14./15. Jh. die Kathedrale und die Stadtbewohner schützte (Fahrtzeiten: So–Do 8–20, im Sommer bis 22 Uhr, Fr–Sa 8–22, im Sommer bis 24 Uhr, 2,50 €). > mehr S. 16 Punkt 25

PONTE DOM LUIS I. 2 ⭐ H5/6

Kaum ein Bauwerk ist so charakteristisch für die Stadt wie die 1886 eingeweihte und nach ihrem Auftraggeber König Luis I. benannte Brücke über den Douro. Teóphile Seyrig, ein in Berlin geborener belgischer Schüler und ehemaliger

Mitarbeiter von Gustave Eiffel, arbeitete fünf Jahre an dem Projekt. Mit der doppelstöckigen Konstruktion vollbrachte er die Meisterleistung, das steile Douro-Tal auf zwei Ebenen zu überqueren. 45 m Höhenunterschied liegen zwischen oberer und unterer Fahrbahn, nirgendwo sonst findet man einen so großen Schmiedeisenbogen wie hier. Die über 3000 t Eisen machen sich natürlich prima auf Fotos, und erstaunlicherweise halten sie die heutigen Belastungen durch Metrozüge (oben) und Fahrzeugen (unten) bestens aus. Am schönsten ist die Überquerung natürlich zu Fuß, insbesondere von der oberen Fahrbahn hat man eine grandiose Aussicht auf Porto und Vila Nova de Gaia. Fast schon berühmt sind die meist jugendlichen Brückenspringer, die sich nahe des Gaia-Ufers von der unteren Ebene aus über 10 m Höhe in den Fluss stürzen.

› mehr S. 15 Punkt ㉑

Auf Portuenser Seite erinnern zwei Pfeiler an die ehemalige Hängebrücke Ponte Pênsil, die den Einwohnern rund 25 Jahre vor dem Bau der Ponte D. Luis I. zur Flussüberquerung diente.

CAIS DA RIBEIRA ⑤ ▮ G/H5

Eine Augenweide sind die schmalen, buntfarbigen Häuser unten am Flussufer. Warum hat man sie eigentlich nicht breiter gebaut? Die Bäume für die Querbalken, auf die man die Stockwerke stützte, waren nicht höher als 6 bis 7 m, und so wuchsen die Häuser zwar in die Höhe, aber nicht in die Breite. Heute reiht sich ein Lokal an das nächste, die erste Reihe der Ribeira ist praktisch ein einziges Terrassenrestaurant – und das streckenweise sogar auf zwei Ebenen. Die Ziel-

Fröhlich bunt und ganz schön schmal sind die Häuser am Cais da Ribeira

gruppe ist eindeutig: Touristen, Portuenser kehren hier trotz der tollen Aussicht eher selten ein. Zwischen den Lokalen versteckt sich auf der unteren Ebene eine von den Besuchern kaum beachtete Gedenktafel: Der Bildstock erinnert an die **Alminhas da Ponte** `3` 🔖 **H5**, die kleinen Seelen der Brücke. Gemeint sind die Opfer, die am 29. März 1809 im Douro ertranken, als sie vor den napoleonischen Invasoren über die schwimmende Ponte da Barca auf die gegenüberliegende Seite fliehen wollten. Die Schiffsbrücke brach unter dem Gewicht der nachdrängenden Massen ein, rund 4000 Menschen starben bei der Katastrophe.

BAIRRO DO BARREDO

Im östlichen Bereich schmiegt sich die Ribeira direkt an den Hang. Der gläserne **Ascensor da Ribeira** `4` 🔖 **H5** (auch **Elevador da Lada** genannt) verbindet den Largo dos Arcos da Ribeira mit einem aussichtsreichen Verbindungssteg rund 30 m höher. Durch das Treppenhaus des angeschlossenen Gebäudes gelangt man auf die Escadas do Barredo, von wo man in wenigen Minuten die Kathedrale erreicht (Aufzug: Mo–Fr 8–20 Uhr, kostenlos).

Sie nehmen jedoch die Treppe nach unten und begeben sich in das Treppenviertel Bairro do Barredo. Es war in den 1960er-Jahren so marode, dass man über einen kompletten Abriss der halben Ribeira nachdachte. Doch Fernando Távora, der Mitbegründer der berühmten Architekturfakultät von Porto, setzte sich für den Erhalt ein, und so konnte das historische Viertel dank Sanierung, die knapp 25 Jahre währte (bis 1999), gerettet werden. Und das Beste: Die rund 1200 Einwohner durften in ihrem Viertel wohnen bleiben – heutzutage fast undenkbar. Nun erfreuen die schmalen Gässchen die Besucher,

IM HERZEN VON PORTO

TOUR `3`

RIBEIRA

1. Funicular dos Guindais
2. Ponte Dom Luis I
3. Alminhas da Ponte
4. Ascensor da Ribeira
5. Torre da Rua de Baixo
6. Praça da Ribeira
7. Muro dos Bacalhoeiros
8. Torre da Reboleira
9. Museu do Vinho do Porto
10. Capela de Nossa Senhora do Ó
11. Casa do Infante

die vor Treppen nicht zurückschrecken. In der Rua de Baixo 5 steht mit der fünfstöckigen **Torre da Rua de Baixo** 5 ▌ G/H5 eines der ältesten Wohnhäuser der Stadt, wohl aus dem 13. Jh., wie man an den kleinen Fenstern und den äußeren Natursteintreppen erkennen kann. Auch viele weitere Häuser stehen übrigens noch auf ihren mittelalterlichen steinernen Sockeln.

ZWISCHENSTOPP: RESTAURANT

Escondidinho do Barredo 3 € ▌ H5
Dona Cremilda ist das Herz dieser traditionellen Tasca, die ihr Vater vor rund 70 Jahren eröffnete. Inzwischen helfen ihre Töchter mit, die Gäste mit deftigen Portotypischen *petiscos* wie *Iscas de bacalhau* (frittierte Stockfischfladen) zu beglücken. An dem rustikalen Versteckchen hängt kein Türschild, dennoch muss man manchmal anstehen, um einen Tisch zu ergattern – so gut ist es.
• Rua dos Canastreiros 28 | Tel. 222057229 Mo. geschl.

PRAÇA DA RIBEIRA 6 ▌ G/H5

Das Herz der Ribeira schlägt an dem zentralen Platz westlich des Barredo-Viertels. Hier verlud man schon im Mittelalter die Waren von den Schiffen auf Ochsenkarren.

An der Stelle des bronzenen Würfel-Brunnen, Fonte do Cubo, erfrischten sich einst die Lasttiere an einer Quelle. Wie ein Schäfer seine Herde, so »überwacht« seit dem Millennium Johannes der Täufer Portos ältesten Platz aus einer Hauswandnische. Die oft beschmunzelte Statue des Stadtheiligen stammt vom mal als Enfant terrible, mal als Star gefeierten Bildhauer João Cutileiro.

Am Ufer der Praça da Ribeira legen die Boote der **6-Brücken-Touren** ⭐ 6 ab › S. 148. Ein paar wenige Boote legen zwar in der Hochsaison bei großem Andrang manchmal am Cais da Estiva ab, aber dann wird man am Stand an der Praça da Ribeira darüber informiert.

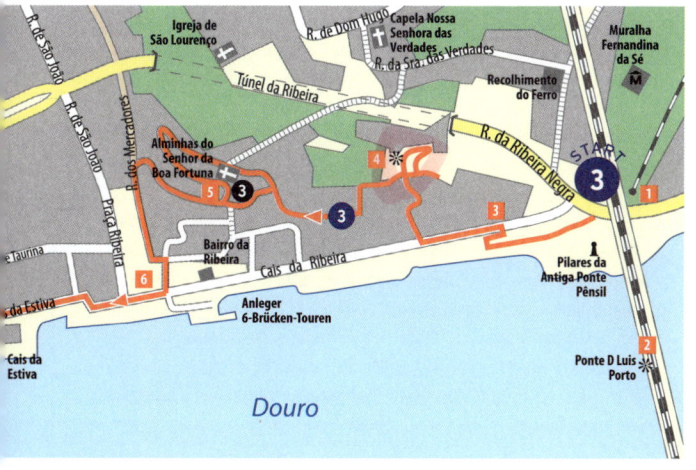

In manche der mittelalterlichen Ribeira-Gässchen passen sogar Autos

CAIS DA ESTIVA 📖 G5

Die Uferfront westlich der Praça da Ribeira verläuft direkt entlang der mittelalterlichen Stadtmauer Muralha Fernandina, von der noch immer Teile, und sogar ein altes **Stadttor** aus dem 14. Jh., erhalten sind. Einst gab es 18 dieser Postigos do Carvão, durch die man die Kohlenlieferungen von den Schiffen in die Stadt brachte. Ab dem Largo do Terreiro führt der schmale Mauerweg **Muro dos Bacalhoeiros** 7 📖 G5 direkt oberhalb des Flusses entlang.

Wo früher die Kabeljauhändler ihre Ladung löschten, laden heute winzige Tische zur romantischen Einkehr ein.

RUA DA REBOLEIRA

Durch die mittelalterliche Gasse geht es zurück in die schattige Ribeira, vorbei an dem von Zinnen gekröntem Wohnturm **Torre da Reboleira** 8 📖 G5 aus dem 14. Jh. (Nr. 59), der heute ein Altenheim beherbergt. In das Haus mit der Nr. 35 zog 2019 das **Museu do Vin-**

💬 **BACALHAU – DER TREUE FREUND**

Wie sehr die Portugiesen ihren *bacalhau* lieben, erkennt man an den weit mehr als 365 Zubereitungsarten. Die Leidenschaft für den im Nordatlantik gefangenen, eingesalzenen und getrockneten Kabeljau stammt noch aus den Zeiten der Seefahrerei, Stockfisch war eben bestens konserviert. Mühsam muss er wieder gewässert und genießbar gemacht werden, doch wer diese Kunst beherrscht, den lässt er nie hängen – er ist eben *o fiel amigo* (der treue Freund).

ho do Porto 9 📙 G5 ein. Auf vier Stockwerken informiert es über die Geschichte des Portweinhandels und seine Rolle für die Stadt. Mit Blick auf den Fluss gibt es den Portwein in der Wine Bar des Museums zu probieren (Museum: Di–So 10 bis 17.30 Uhr, 2,20 €, Sa/So gratis).

Wo die Rua da Reboleira auf den Largo do Terreiro trifft und sich zum Fluss öffnet, steht die kleine, im 19. Jh. wieder aufgebaute **Capela de Nossa Senhora do Ó** 10 📙 G5. Mit der Muttergottes des »Ó« ist in Portugal die hochschwangere Maria gemeint, sie ist im vergoldeten Altar zu sehen (Kapelle: unregelmäßig nachmittags geöffnet).

CASA DO INFANTE 11 📙 G5

In der Rua da Alfândega befand sich im 14. Jh. nicht nur das namensgebende Zollamt, sondern auch ein königliches Gäste- und Lagerhaus, und so brachte Filipa de Lencastre am 4. März 1394 wohl hier, im Haus mit der Nummer 10, ihr fünftes Kind zur Welt. Der Königssohn Dom Henrique ging als Heinrich der Seefahrer in die Geschichte ein, ohne ihn hätte Portugal wohl kaum ein goldenes Zeitalter der Entdeckungsfahrten erlebt. In dem interaktiven städtischen Museum geht es aber nicht nur um ihn und seine Geburtsstätte, sondern um die Geschichte und Entwicklung Portos generell, so sind zum Beispiel römische Fußbodenmosaike und ein maßstabsgetreues Modell der mittelalterlichen Stadt zu sehen (Di–So 10–17.30 Uhr, 2,20 €, Wochenende gratis). › mehr S. 16 Punkt 28

TOUR 4

RUND UM DIE IGREJA & TORRE DOS CLÉRIGOS

VERLAUF: Jardim da Cordoaria › Igreja de São José das Taipas › Miradouro da Vitória › Igreja & Torre dos Clérigos › Livraria Lello › Reitoria da Universidade › Praça Carlos Alberto

KARTE: Seite 87
DAUER: ca. 45 Min. reine Gehzeit (mit Besichtigungen entsprechend länger)
START: Haltestelle Cordoaria (Buslinien 200, 201, 207, 208, 301, 303, 305, 501, 703, 801)
ZIEL: Haltestelle Carmo (Bus-/Tramlinien E18, E22, 200, 300, 302 u. v. a.)
PRAKTISCHE HINWEISE:
• Sonntags sind einige der Sehenswürdigkeiten geschlossen.

Die westliche Baixa wird überragt von dem höchsten Wahrzeichen Portos: Dem Turm der Klerikerkirche. Zu seinen Füßen herrscht Tag und Nacht buntes Treiben. Studenten schlendern zur Uni, Touristen stehen Schlange an der »schönsten Buchhandlung der Welt«, Bewohner des Viertels gehen im Jardim da Cordoaria spazieren. Am Abend füllen sich die schmalen Straßen der **Galerias de Paris** mit Nachtschwärmern, es ist das berühmteste Ausgehviertel der Stadt und wird schlicht **Galerias** ⭐ genannt.

TOURSTART: **JARDIM DA CORDOARIA** **1** 📱 G4

Eigentlich ist die dreieckige Grünanlage seit 1924 nach João Chagas benannt. Der in Brasilien geborene Journalist saß wegen eines aufmüpfigen Artikels Anfang 1891 für einige Tage nebenan im Gefängnis. Nach dem Ende der Monarchie wurde er Premierminister. Doch im Volksmund nennt man den 1865 von dem deutschen Landschaftsgärtner Émile David angelegten Park noch immer »Cordoaria«, denn hier stand einst die Seilmacherei, in der zwei Jahrhunderte lang Schiffstaue gedreht wurden. Heute chillen in dem inzwischen ganz neu gestalteten Park rund um den lauschigen See Studenten unter schattigen Bäumen, während sich die 13 Bronzefiguren, die Juan Muñoz kurz vor seinem Tod 2001 auf mehrstöckige Parkbänke setzte, Tag und Nacht »kaputtlachen«.

IGREJA DE SÃO JOSÉ DAS TAIPAS **2** 📱 G4

Gegenüber des monumentalen, 1961 eingeweihten Gerichtsgebäudes, das unverkennbar aus der Diktaturzeit (Estado Novo) stammt, steht eine klassizistische Kirche. Mit *taipas* sind die Barrikaden gemeint, die man hier im 16. Jh. aufbaute, um Pestkranke vom Rest der Bevölkerung zu isolieren. Zwischen 1795 und 1878 entstand die Kirche der Irmandade das Almas de São José das Taipas nach den Plänen des nordportugiesischen Architekten Carlos Amarante über den Resten einer Vorgängerkapelle. Die Bruderschaft gedenkt bis heute alljährlich den tausenden Toten des Unglücks auf der Ponte das Barcas während der napoleonischen Invasion 1809 mit einer Prozession zur Gedenktafel für die »Alminhas da Ponte« am Douro-Ufer › S. 82. Einige der Opfer sind in der Kirche bestattet, auf einem Gemälde ist die Katastrophe dargestellt (Campo dos Mártires da Pátria 179, Mo–Fr 10.30 bis 18.30, Sa 10–13 Uhr).

CENTRO PORTUGUÊS DE FOTOGRAFIA **3** 📱 G4

Fast ein bisschen angsteinflößend ist dieses riesige ehemalige Gerichts- und Gefängnisgebäude aus dem 18. Jh., das bis in die 1970er-Jahre als Haftanstalt diente und sogar so manche illustre Persönlichkeit beherbergte. Nach Sanierungs- und Umbauarbeiten zog 1997 das Portugiesische Zentrum für Fotografie in die alten, festungsartigen Gemäuer ein. Zu sehen sind – neben den alten Zellen, Eisengittern und Treppenhäusern – wechselnde Fotoausstellungen, aber auch eine wertvolle Sammlung alter Kameras und Fotografie-Accessoires (Largo Amor de Perdição, www.cpf.pt, Mo–Fr 10–18, Sa/So 15–19 Uhr, Eintritt frei).

RUA DE SÃO BENTO DA VITÓRIA

Vom **Miradouro da Vitória** **4** 📱 G5 am Ende der schmalen Straße schweift der Blick über die Stadt und den Fluss bis hinüber nach Vila Nova de Gaia. Aus dem Aussichtspunkt selbst könnte man mehr machen, doch das Panorama entschä-

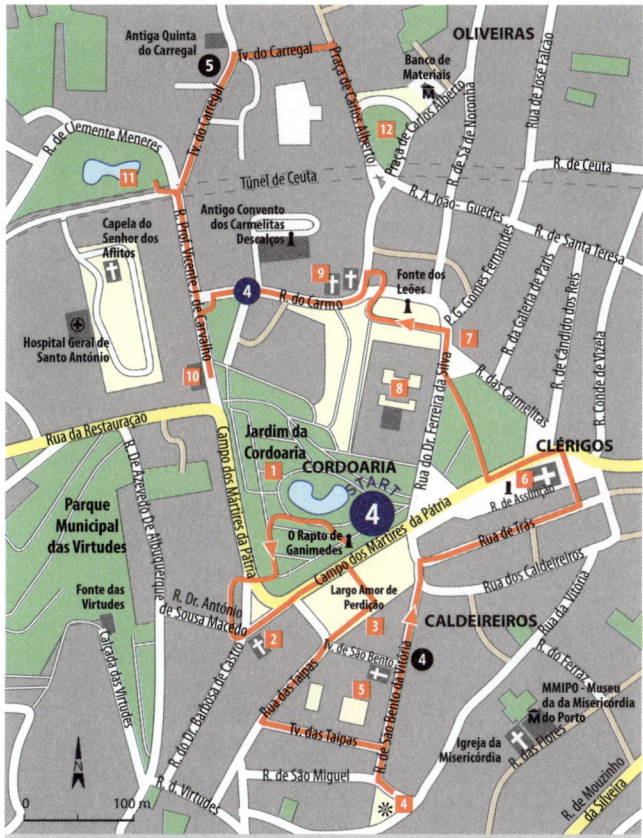

IM HERZEN VON PORTO

TOUR ④

RUND UM DIE IGREJA & TORRE DOS CLÉRIGOS

1 Jardim da Cordoaria
2 Igreja de São José das Taipas
3 Centro Português de Fotografia
4 Miradouro da Vitória
5 Mosteiro de São Bento da Vitória
6 Igreja & Torre dos Clérigos
7 Livraria Lello

8 Reitoria da Universidade
9 Igreja do Carmo und
Igreja dos Carmelitas
10 Museu do Centro Hospitalar
do Porto
11 Jardim do Carregal
12 Praça Carlos Alberto

Prunkvoller Altar in der (neueren) Igreja do Carmo

digt für den etwas schäbigen Zustand. Benannt ist er nach der Igreja Nossa Senhora da Vitória. Das heutige Gebäude stammt aus dem 18. Jh., doch schon im 16. Jh. zwang man die zu Neuchristen getauften Juden dieses Viertels, beim Bau einer Pfarrkirche mitzuhelfen.

Nur wenige Meter weiter das nächste Gotteshaus: Über das abgerissene Judenviertel bauten die Benediktinermönche ab Ende des 16. Jh. ein mächtiges Kloster aus Granit, die dazugehörige Kirche mit ihren manieristischen und barocken Elementen wurde erst 1693 eingeweiht. Das **Mosteiro de São Bento da Vitória** 5 📱 G5 diente nach dem Verbot aller Ordensgemeinschaften 1834 zeitweise dem Militär, seit dem Jahr 2007 nutzt es das Teatro Nacional de São João für

Konzerte und Veranstaltungen (Rua de São Bento da Vitória 45, www.tnsj.pt, Führungen: Mo–Sa 10.30–12.30 Uhr, 6 €).

ZWISCHENSTOPP: RESTAURANT
Taberna d'Avó 4 €–€€ 📱 G4
In dieser rustikalen Taverne schmeckt es wie bei Oma – sofern die Oma Portugiesin ist. Herzhaft und herzlich ist das kleine Lokal mit den hübschen Natursteinwänden, ideal für eine deftige Mittagspause.
• Rua de São Bento da Vitória 48
  Tel. 22 201 2181
  www.facebook.com/tabernadavo
  Di–Sa 12–23, Mo 18–23 Uhr

IGREJA & TORRE DOS CLÉRIGOS 6 ⭐ 📱 G4

Nicolau Nasoni hat in allen Ecken und in vielen Kirchen der Stadt seine barocken Spuren hinterlassen.

Doch kein Bauwerk ist so berühmt wie die Klerikerkirche mit ihrem 76 m hohen Turm. Den Auftrag für sein erstes komplettes architektonisches Werk erhielt der Italiener 1732 von der Bruderschaft Irmandade dos Clérigos. Seit 1763 reckt sich nun der fast schon filigran wirkende, siebenstöckige Granitturm in den Himmel. Der höchste Kirchturm Portugals diente den Schiffen als Orientierung, fungierte als Telegrafenstation und den Portuensern als Uhr, heute bietet er denen, die die 240 schmalen Stufen nicht scheuen, die beste Aussicht über die Stadt. Nasoni fand in seinem Meisterwerk seine letzte Ruhe, in der Krypta schräg hinter dem reich geschmückten Altarraum. In der farbig gestalteten ovalen Kirche erklingen um 12 Uhr die barocken Orgeln zum Mittagskonzert (Rua São Filipe de Nery, www.torredosclerigos.pt, tgl. 9–19 Uhr, Turm und Museum 5 €, Kirche Eintritt frei). › mehr S. 16 Punkt **23**

LIVRARIA LELLO **7** ▮ G4

Neogotische Fassade, reich verzierte, schwungvolle Holztreppe, kunstvolle Art-déco-Verstrebungen zwischen prall gefüllten Bücherregalen – kein Wunder, dass sich J. K. Rowling in der Jugendstil-Buchhandlung von 1906 mit der tollen Buntglasdecke gern aufhielt – und sich dort vermutlich auch zu ihren Harry-Potter-Geschichten inspirieren ließ. › mehr S. 16 Punkt **24**

Dass der Besuch des vielleicht schönsten Bücherladens der Welt auch einen Preis hat, merkt man spätestens an der langen Schlange vor dem Eingang. Die 5 € Eintritt kann man sich beim Kauf eines Buchs anrechnen lassen › mehr S. 17 Punkt **35** (www.livrarialello.pt, tgl. 9.30–20 Uhr).

REITORIA DA UNIVERSIDADE **8** ▮ G4

Vor dem Haupteingang der Universität sprudelt seit dem späten 19. Jh. das Wasser aus dem Löwenbrunnen, die tierischen Wasserspeier waren Teil der städtischen Wasserversorgung. Portos Uni, an der heute rund 30 000 Studenten an 14 Fakultäten studieren, ist noch relativ neu. Sie wurde 1911, ein halbes Jahr nach der Ausrufung der Republik, gegründet.

Das im 19. Jh. errichtete, klassizistische Granitgebäude, in dem sich heute das Rektorat und das **Museu de História Natural e da Ciência da Universidade do Porto** (Naturhistorisches Museum) befinden, diente zuvor der Academia Politécnica, die ebenso wie die medizinische Hochschule in die neue Universidade do Porto integriert wurde (Praça Gomes Teixeira, derzeit wegen Renovierung nur einige Räume geöffnet, https://mhnc.up.pt/polo-central, Di–So 10–18 Uhr, 9 €).

IGREJA DO CARMO UND IGREJA DOS CARMELITAS **9** ▮ G4

Die beiden Kirchen des Ordens der barfüßigen Karmeliter stehen so nah beisammen, dass man glauben könnte, sie bestünden nur aus einem Gebäude. Dabei versteckt sich dazwischen das schmalste Haus der

Stadt, es misst nur 1 m in der Breite. Zwei Kirchen durften nicht direkt nebeneinander stehen, und so entstand diese »Casa Escondida«. In ihr befindet sich das Ticketoffice und der Zugang zur Igreja do Carmo. Doch der Reihe nach, denn die **Igreja dos Carmelitas** (links) ist die ältere der beiden, sie entstand ab 1620 im Stil der Renaissance. Die prunkvollen Barock- und Rokoko-Verzierungen im Inneren lassen kaum noch erahnen, dass hier mal bescheidene Mönche gebetet haben. Im 18. Jh. war es dann mit der Bescheidenheit vorbei: Man wollte Macht und Reichtum demonstrieren und beschloss den Bau einer neuen, repräsentativeren Kirche. Und tatsächlich bietet die **Igreja do Carmo** (rechts) allerlei zu bestaunen, beispielsweise die barocke Fassade mit den vier Evangelisten auf dem Giebel oder die gruseligen Skelette in den Katakomben. Seit 1912 schmückt ein riesiges Fliesengemälde die Seitenwand, es zeigt die Gründungsgeschichte des Ordens auf dem Berg Karmel (Rua do Carmo, Mo 12–18, Di–So 10–18 Uhr, keine Besichtigungen während der Messe, Eintritt für beide Kirchen 3,50 €).

MUSEU DO CENTRO HOSPITALAR DO PORTO 10 F4

Dunkel und mächtig erhebt sich Portos größtes innerstädtisches Krankenhaus **Hospital de Santo António.** Obwohl das Granitgebäude bereits zwischen 1769 und 1824 gebaut wurde, befindet sich hinter den neoklassizistischen Mauern heute eine moderne Uniklinik. Über die Geschichte der Gesundheitswissenschaften und der früher vor allem auf Heilpflanzen basierten Pharmazie informiert das kleine Museum, das in der über 200 Jahre alten Apotheke untergebracht ist (Largo Professor Abel Salazar, www.museu.chporto.pt, Mo–Fr 10 bis 18 Uhr, 1 €).

JARDIM DO CARREGAL 11 F3

Klein, aber fein ist dieser 1897 angelegte Garten, der offiziell den Namen des Republikaners Carrilho Videira trägt. Unter den hohen Nadelbäumen drehen Enten ihre Runden auf dem romantischen See,

Der Medizinprofessor Abel Salazar sitzt entspannt im Jardim do Carregal

während der Medizinprofessor, Maler und Widerstandskämpfer Abel Salazar (1889–1946) als Bronzestatue auf das nach ihm benannte Biomedizinische Institut gegenüber blickt.

ZWISCHENSTOPP: WEINSTUBE

Capela Incomum ❺ €–€€ 📕 F3
In der Tat eine »ungewöhnliche Kapelle«: Man sitzt neben dem kunstvoll geschnitzten Holzaltar der einstigen Kapelle aus dem 16. Jh. und probiert sich durch Käse- und Schinkenplatten oder Bruschetta und trinkt dazu portugiesische Weine.
• Travessa do Carregal 79–83
　Tel. 222011849 | Mo–Sa 16–24 Uhr

PRAÇA DE CARLOS ALBERTO

12 📕 G3
Namensgeber für den heute adrett herausgeputzten Platz mit den einladenden Cafés war Karl Albert, König von Sardinien und Piemont. Nach seiner Abdankung 1849 lebte er die letzten Monate seines Lebens in Porto, die ersten Tage davon im Palacete dos Viscondes de Balsemão hier am Platz. Heute befindet sich darin unter anderem ein spannendes städtisches Archiv, die **Banco de Materiais** (Materialienarchiv). Hier kann man sehen, welche dekorativen Materialien in Porto verbaut sind – von kunstvollen Fliesen über Stuck und Eisen bis zu Holzverzierungen und Dachrinnen – alles gerettet aus alten Gebäuden, in den meisten Fällen mit dem Ziel, sie wieder neu zu verbauen (Mo–Fr 10–12 und 14.30–17.30, Sa 10–12.30 und 13.30–18 Uhr, Eintritt frei).

Zwei Denkmäler zieren den Platz, zum einen das Monument für die Gefallenen des Ersten Weltkrieges, zum anderen eine Bronzestatue des Politikers und Generals **Humberto Delgado**, der wegen seines Wechsels auf die Seite der Opposition 1965 von den Schergen Salazars ermordet wurde.

GRATIS ENTDECKEN

• **Banco de Materiais**
　Portos Materialienarchiv mit tollen Azulejos und anderen Hausdekorationen ist kostenlos zu besichtigen. › links

• **Mittagskonzert in der Igreja dos Clérigos** Klassische Orgelkonzerte zum Nulltarif gibt es um 12 Uhr in der Klerikerkirche. › S. 16, 89

• **Ascensor da Ribeira**
　Mal schnell einen Überblick über die Ribeira gewinnen oder ein paar Höhenmeter Richtung Kathedrale sparen? Den Aufzug können Sie gratis nutzen. › S. 82

• **Casa-Museu Teixeira Lópes**
　Das ehemalige Wohnhaus des Bildhauers António Teixeira Lopes in Vila Nova de Gaia kann kostenlos besichtigt werden. › S. 53

• **Städtische Museen Porto**
　Am Wochenende sind die von der Stadt Porto verwalteten Museen gratis zu besichtigen. › S. 152

• **Jardim Botânico**
　Im von der Uni bestens gepflegten Botanischen Garten ist der Eintritt frei. › S. 103

TOUR 5

MIRAGAIA & MASSARELOS

VERLAUF: World of Discoveries ›
Look at Porto › Igreja de São Pedro
de Miragaia › Parque das Virtudes ›
Museu Soares dos Reis › Jardins do
Palácio de Cristal › Casa Tait › Igreja
do Corpo Santo de Massarelos

KARTE: Seite 94
DAUER: ca. 1,5 Std. reine Gehzeit
(mit Besichtigungen entsprechend
länger)
START: Haltestelle Alfândega (Bus-/
Tramlinien E1, 500)
ZIEL: Haltestelle Museu Carro Eléc-
trico (Bus-/Tramlinien E1, E18, 500)
PRAKTISCHE HINWEISE:
• Montags sind manche Museen ge-
  schlossen, sonntags die Kirchen.

Miragaia, das Fischerviertel, das
zum Fluss hin seit dem 19. Jh. von
dem mächtigen Zollgebäude gesäumt wird, hat das gegenüberliegende Gaia immer im Blick. Es entstand bereits im Mittelalter – damals
außerhalb der Stadtmauern. Nur
noch ein paar Gassennamen zeugen
von den jüdischen und armeni-
schen Händlerfamilien, die sich bis
zur Inquisition im 16. Jh. hier niedergelassen hatten. In Alt-Miragaia
wird in der Johannisnacht besonders inbrünstig gefeiert, ganzjährig
findet man in den im Vergleich zur
Ribeira ursprünglichen, noch wenig
entdeckten Lokalen gute und günstige Gerichte. Es macht Spaß, durch
die schmalen Gassen zum domi-
nanten Zollgebäude am Flussufer
und den grünen Terrassen des Jardim das Virtudes zu spazieren.

Als der ländliche Vorort Massarelos Ende des 18. Jh. eingemeindet
wurde, begann seine Entwicklung
als Fabrikstandort. Wo bis dahin
nur ein paar Fischer, Salzgewinner
und Bauern lebten, öffneten Kera-
mik- und Möbelfabriken, Gieße-
reien und andere Manufakturen. In
den höheren Gefilden entstanden
reiche Anwesen, die zum Teil heute
als Museen zu besichtigen sind. Der
Jardim do Palácio de Cristal mit seinen fast schon kitschig schönen
An- und Aussichten und schattigen
Wegen gehört zu den schönsten
Stadtparks in Portugal.

TOURSTART: **ALFÂNDEGA NOVA**

1869 eingeweiht, brachte das Neue
Zollamt (das alte war in der Ribeira)
frischen Wind in das mittelalterliche Fischerviertel Miragaia, das
nun zwar keinen Strand mehr, aber
dafür regen Hafenbetrieb vor der
Nase hatte. Sogar eine teils durch
Tunnel verlaufende Frachtzugver-
bindung nach Campanhã entstand,
doch mit der steigenden Nutzung
des Hafens von Leixões schwand die
Bedeutung des Zollgebäudes am
Douro-Ufer.

Portos Stararchitekt Eduardo
Souto de Moura verwandelte das
Gebäude in den 1990er-Jahren in
ein Kongresszentrum und Museum. Das **Museu dos Transportes e**

Comunicações **1** 📱 F5 zeigt wechselnde Ausstellungen rund um die Themen Transport und Kommunikation (Rua Nova da Alfândega, www.amtc.pt, Di–Fr 10–13 und 14 bis 18, Sa–So 15–19 Uhr, Eintritt variiert je nach Ausstellung).

WORLD OF DISCOVERIES **2** 📕 F5

Im Zollgebäude gegenüber öffnete 2014 ein interaktives Geschichtsmuseum, in dem sich die Besucher auf eine Reise in die Zeit der portugiesischen Entdeckungsfahrten des 15. und 16. Jhs. begeben. Eine aufregende Reise, und zwar im wahrsten Sinne des Wortes, denn in kleinen Booten schippern die Besucher auf den Spuren von Vasco da Gama und Co »um den afrikanischen Kontinent bis nach Indien und Brasilien«.

So aufregend das Erlebnis ist, etwas weniger romantische Verklärung und ein eventuell kritischerer Blick auf diese Zeit hätten dem Erlebnismuseum nicht geschadet (Rua de Miragaia 106, Tel. 220439770, www.worldofdiscoveries.com, Mo bis Fr 10–18, Sa/So bis 19 Uhr, 15 €, Rabatte für +65-Jährige, Studenten sowie online).

ZWISCHENSTOPP: CAFÉ-BAR

Armazém **6** € 📱 F5

Ein altes Weinlagerhaus hat sich in ein Kulturzentrum mit hinreißenden Vintageläden verwandelt. Zwischen all den Schätzchen versteckt sich eine Bar mit Außenterrasse, die sich prima für einen Erfrischungsdrink oder einen Snack anbietet.

• Rua de Miragaia 93 | www.facebook.com/armazem93 | tgl. 11.30–20 Uhr

Die typischen schmalen Altstadthäuser gibt es nicht nur in der Ribeira, sondern auch in Miragaia

LOOK AT PORTO 3 📖 F5

Hinter der vom berühmten Street-Art-Künstler Vhils gestalteten Fassade verbirgt sich ein 5D-Kino, in dem man einen tollen »Flug« über Porto machen kann. Auf der von Spezialeffekten gespickten, etwa 15-minütigen Reise lernt man die wichtigsten Sehenswürdigkeiten der Stadt aus der Vogelperspektive kennen (Rua de Atafona, www.lookatporto.pt, tgl. 10–20 Uhr, 8 €).

IGREJA DE SÃO PEDRO DE MIRAGAIA 4 📖 F5

Die dem Heiligen Petrus geweihte Pfarrkirche von Miragaia stammt in ihrer jetzigen Form aus dem 18. Jh.,

doch schon im Mittelalter stand hier eine kleine Fischerkirche. Im Inneren glänzt wie so oft ein barocker Hochaltar aus wertvoller *talha dourada*, die Azulejos an Innen- und Außenwänden stammen aus dem 19. Jh. (Largo de São Pedro de Miragaia, Di–Sa 15.30–19, So 10–11.30 Uhr).

PARQUE DAS VIRTUDES 5 📖 F4

Das Tal, durch das sich der Park der Tugend zieht, ist stellenweise so steil, dass man die 1 ha große Grünanlage fast als vertikalen Garten bezeichnen könnte. Die Companhia Hortícola Portuense, eine Art städtischer Gärtnereibetrieb, legte im

19. Jh. die Terrassen an, auf denen man heute mitten in der Stadt Erholung, schattige Wiesenflächen und grandiose Aussichten findet. In der kleinen Nische in der 1619 von der Stadt gebauten Brunnenanlage am oberen Ende stand einst eine Marienfigur: Von der »Nossa Senhora das Virtudes« erhielt der Park seinen Namen (tgl. 9–18, im Sommer bis 19 Uhr).

Im Gegensatz zum erstaunlich wenig besuchten Park, füllt sich die im 18. Jh. angelegte Aussichtsterrasse **Passeio das Virtudes** oberhalb des Tals allabendlich mit Studenten, Romantikern und Hobbyfotografen, um sich am wunderschönen Sonnenuntergang über dem Douro zu erfreuen. › mehr S. 18 Punkt ❸❾

ZWISCHENSTOPP: CAFÉ
Viriato ❼ € 📕 F4

Mittags gibt es in dieser sympathischen Cafeteria günstige Tagesgerichte, auf Wunsch mit Saft oder Suppe. Bei schönem Wetter sitzt man herrlich im Hinterhofgarten.

• Rua Alberto Aires Gouveia 45
  Tel. 934484136
  www.facebook.com/cafetariaviriato.porto
  Mo–Do 8–19, Fr 8–21, Sa 12–21 Uhr

MUSEU NACIONAL DE SOARES DOS REIS ❻ 📕 F3/4

Portos wichtigstes Museum residiert seit 1937 in dem prunkvoll

IM HERZEN VON PORTO

TOUR ❺

MIRAGAIA & MASSARELOS

1. Alfândega Nova
2. World of Discoveries
3. Look at Porto
4. Igreja de São Pedro de Miragaia
5. Parque das Virtudes
6. Museu Nacional de Soares dos Reis
7. Jardins do Palácio de Cristal
8. Museu Romântico
9. Casa Tait
10. Igreja do Corpo Santo de Massarelos
11. Museu do Carro Eléctrico

restaurierten **Palácio dos Carran-cas,** ein neoklassizistischer Palast aus dem späten 18. Jh. Er gehörte den Brüdern Mendes de Morais e Castro, die hier auch ihre Fabrik für Gold- und Silberborten betrieben. Die Königsfamilie kaufte das Anwesen im Jahr 1862, um endlich auch einen königlichen Palast in Porto zu besitzen.

Ein großer Teil der Ausstellung widmet sich den Werken des namensgebenden Bildhauers António Soares dos Reis, der 1847 nahe Porto geboren wurde. Erst nach seinem Selbstmord 1889 begann man, seine herausragenden Arbeiten zu würdigen, heute gilt er als der wichtigste Vertreter des Realismus in Portugal.

Andere Teile des Museums zeigen Gemälde nationaler Künstler des 19. und 20. Jhs., wertvolle Möbel, Musikinstrumente, Juwelen und Porzellan. Im Frühjahr ist der Kameliengarten hinter dem Palast eine Augenweide (Rua D. Manuel II, Tel. 223393770, www.museusoaresdosreis.gov.pt, Di–So 10 bis 18 Uhr, 5 €).

JARDINS DO PALÁCIO DE CRISTAL **7** E3/4

Einfach herrlich, diese fast 10 ha große Gartenanlage mit ihren Lindenalleen, Wiesen, Teichen – und vor allem Miradouros. Zum Fluss hin bieten verstreute Türmchen besonders tolle Aussichten. Der deutsche Landschaftsarchitekt Émile David schuf diesen romantischen Park in den 1860er-Jahren. Namensgebend war der Kristallpalast aus Granit, Eisen und Glas, den man zur ersten Industrieausstellung 1865 errichtete. 1951 riss man ihn

---

💬 ROSA MOTA

Trotz ihrer grandiosen Karriere, die ihren Höhepunkt mit dem Gewinn der olympischen Goldmedaille im Marathonlauf 1988 in Seoul fand, blieb die inzwischen etwas über 60-jährige Langstreckenläuferin Rosa Mota immer auf dem Boden. Sie ist sympathisch und mit ihren kurzen Haaren erfrischend uneitel.

A nossa Rosinha (unsere kleine Rosa), die 1958 in Porto geboren wurde, ist immer noch drahtig und schnell, manchmal läuft sie so manchen 20-jährigen bei den Wettkämpfen davon. Ihre Bekanntheit nutzt sie dafür, Portugiesen aller Altersgruppen zu mehr Bewegung zu motivieren. Sie brauchen ja keinen Hochleistungssport betreiben, aber viele Krankheiten ließen sich mit regelmäßiger Bewegung an der frischen Luft vermeiden.

Die Stadt Porto ehrte sie 1991, indem sie den einstigen Sportpavillon in den Jardins do Palácio de Cristal nach ihr benannte. Seit den umfangreichen, 2019 fertiggestellten Umbauarbeiten wird er von einem großen Bierfabrikanten gesponsert, doch obwohl dessen Name nun auch im Logo erscheint, nennt ihn jeder Portuenser natürlich weiterhin Pavilhão Rosa Mota.

Romantische Gärten mit Aussicht in den Jardins do Palácio de Cristal

ab, um ihn durch einen runden Sportpalast zu ersetzen. 1991 erhielt die Multifunktionshalle den Namen **Pavilhão Rosa Mota,** in Hommage an die 1958 in Porto geborene Langstreckenläuferin und Olympiasiegerin Rosa Mota.

Bücher spielen eine besondere Rolle in den Kristallpalastgärten. Alljährlich im September findet hier die Buchmesse statt, und viele Portuenser besuchen regelmäßig die moderne Stadtbücherei Almeida Garrett im Nordwesten des Parks (Rua D. Manuel II, Tel. 226057033, tgl. 8–19, im Sommer bis 21 Uhr, Eintritt frei).

MUSEU ROMÂNTICO 8 📖 D4

Durch ein fast waldartiges Hangstück der Jardins do Palácio de Cristal (oder über die schmale Rua de Entre Quintas) erreicht man die einstige **Quinta da Macierinha** aus dem 19. Jh. In dieser Villa der reichen Weinhändlerfamilie Pinto Basto fand der sardische König Karl Albert 1849 Unterschlupf. Im 1972 gegründeten städtischen Romantikmuseum sind heute unter anderem die Gemächer zu sehen, in denen er die kurze Zeit bis zu seinem Tod lebte. Im Vergleich zu den aufwendig im Empirestil dekorierten Sälen der Villa, in denen man einen guten

DIE BESTEN AUSSICHTEN

- **Jardins do Palácio de Cristal**
  Wohl der romantischste Aussichts-
  punkt der Stadt ist das Türmchen
  am äußersten Rand des weitläufi-
  gen Parks aus dem 19. Jh. > S. 96
- **Passeio das Virtudes**
  Zum Sonnenuntergang *the place
  to be* und auch bei den Studenten
  sehr beliebt – der Blick geht
  Richtung Arrábidabrücke und
  Atlantik. > S. 95
- **Miradouro da Serra do Pilar**
  Der Klassiker gleich hinter der
  Ponte Dom Luis I. bietet eine
  grandiose Ansicht der Ribeira.
  > S. 128
- **Fontaínhas**
  Diese Aussicht ist noch ein echter
  Geheimtipp: Von der Alameda das
  Fontaínhas schaut man prima
  über die Brücken. > S. 22
- **Dachterrasse Hotel Ipanema
  Parque** Auch wer nicht in diesem
  5-Sterne-Hotel untergebracht ist,
  kann im 15. Stock bei einem Cock-
  tail an der Poolbar chillen und die
  Sonne im Sommer im Atlantik
  verschwinden sehen (Rooftop Bar
  Ontop | HF Ipanema Park | Rua de
  Serralves 124 | saisonal 20–1 Uhr
  www.hfhotels.com/hoteis/hf-
  ipanema-park-pt).
- **Miradouro Santa Catarina**
  Kaum jemand kennt den Weg
  durch die schmalen Gässchen
  hinauf zur Kapelle, von wo es
  eine großartige Aussicht auf die
  Douro-Mündung gibt. > S. 113

Eindruck vom großbürgerlichen Leben des 19. Jh. bekommt, mutet des Königs Sterbebett unerwartet schlicht an (Rua de Entre Quintas 220, Di–So 10–17.30 Uhr, 2,20 €, am Wochenende gratis).

RUA DE ENTRE QUINTAS

Der wohl romantischste Weg hinunter zum Douro-Ufer verläuft über die »Straße zwischen den Landgütern«. Am oberen Ende der nicht für Autos zu befahrenden Granitpflastergasse erstrecken sich die Anwesen der einstigen Quinta da Macierinha > S. 97 und Quinta do Meio.

Letztere gehörte ab 1900 dem Portweinhändler William Tait, weshalb sie auch **Casa Tait** 9 ▮ D3 genannt wird. In der aussichtsreichen Gartenanlage, die ebenso wie die einstige Villa inzwischen von der Stadt verwaltet wird, wachsen herrliche Kamelienbäume und ein riesiger, mehr als 250 Jahre alter Tulpenbaum (Rua de Entre Quintas 219, Mo–Fr 10–17.30 Uhr, Eintritt frei).

IGREJA DO CORPO SANTO DE MASSARELOS 10 ▮ D4

Umgeben von jahrhundertealten Gässchen, erhebt sich die Pfarrkirche von Massarelos nicht weit vom Douro-Ufer. Sie entstand ab 1776 als Ersatz für die vorherige Kapelle. Die Confraria das Almas do Corpo Santo de Massarelos, die die Kirche und das angeschlossene Museum bis heute betreut, ist die älteste Bruderschaft Portos. Seeleute, die auf dem Rückweg von England in Not geraten waren und sich wie durch ein Wunder retten konnten, gründeten sie 1394 aus Dank und mit dem Ziel, anderen Seefahrern und Händlern beizustehen – sogar beim Kampf gegen Piraten halfen sie mit. Auf der flusszugewandten Seite ist unter dem Kreuz der Christusritter ein Azulejo-Paneel zu sehen, es zeigt Heinrich den Seefahrer, der im 15. Jh. der Bruderschaft angehörte, und São Telmo, den Beschützer der Seeleute. Der im Deutschen als Heiliger Erasmus bekannte Schutzheilige steht auch als Holzfigur in der Nische über dem Eingangsportal. Das wertvollste Stück des Museums ist ein mit Gold und Silber bestickter Umhang, den Königin Maria I. 1790 der Bruderschaft schenkte (Largo do Adro, http://confrariacorposantomassarelos.pt, Kirche und Museum: Okt.–März Mo–Sa 14–18, April–Sept. Mo–Sa 10–12 und 14 bis 18 Uhr, Museum 2 €).

MUSEU DO CARRO ELÉCTRICO 11 ▮ C4

Im einstigen Dampfkraftwerk von Massarelos, in dem ab 1915 die Energie für den Antrieb der elektrischen Straßenbahnen generiert wurde, fanden die alten Waggons im 1992 eröffneten Museum ein Zuhause. Vor allem für Technikfans ist das Museum ein Eldorado: Die erste und älteste Straßenbahn dort wurde 1872 noch von Pferden gezogen, 1905 fuhr erstmals eine elektrische Tram durch Porto (Alameda Basílio Teles 51, Tel. 226158185, www.museudocarroelectrico.pt, Mo 14–18, Di–So 10–18 Uhr, 8 €).

Im Garten der Casa Tait genießt man die spektakuläre Aussicht

IM WESTEN DER STADT

Art-déco vom Feinsten
im Park vor der Casa de Serralves

Die Viertel westlich der Innenstadt – bis ins späte 19. Jh. noch einfache Fischer- und Bauernsiedlungen im ländlichen Umland – geben sich heute mondän: Die Alleen sind breiter, die Parkanlagen weitläufiger, die Häuser moderner.

Schicke Hoteltürme erheben sich in Boavista. Musik, Kunst und Kultur haben in der Casa da Música und in der Serralves-Stiftung ein erlesenes Zuhause. Herrliche Gärten und Uferpromenaden laden zum Spazierengehen und Flanieren ein. Der Atlantik ist nur einen Katzensprung entfernt. Auch wenn das Wasser ganzjährig ziemlich kühl für ein Bad ist, tut es doch immer gut, frische Meeresluft zu atmen.

TOUREN IM WESTEN

TOUR 6

ARRÁBIDA & BOAVISTA

> **VERLAUF:** Planetário do Porto › Jardim Botânico › Casa de Allen › Sinagoga Kadoorie › Cemitério de Agramonte › Mercado do Bom Sucesso › Casa da Música › Casa-Museu Marta Ortigão Sampaio
>
> **KARTE:** Seite 102
> **DAUER:** ca. 1,5 Std. reine Gehzeit (mit Besichtigungen entsprechend länger)
> **START:** Haltestelle Faculdade de Arquitectura (Buslinie 209)
> **ZIEL:** Haltestelle Igreja Cedofeita (Buslinien 202, 301, 502, 602)
> **PRAKTISCHE HINWEISE:**
> • Manche Sehenswürdigkeiten sind am Wochenende oder Mo geschl.

Schon die Mauren siedelten in der Gegend von Arrábida, übersetzt bedeutet es »Ort des Gebets« oder »Wachposten«.

Heute ist das Viertel dominiert von der mächtigen Ponte de Arrábida, den Zufahrten zur Brücke und den urbanen Siedlungen des 20. Jhs. Umso schöner, dass es auch noch herrlich angelegte Parkanlagen gibt. Moderne Fakultäten füllen die umgebenden Viertel mit Studentenleben.

Rund um die Rotunda da Boavista, dem großen Kreisverkehr im Zentrum der westlichen Innenstadt, locken ein paar Sehenswürdigkeiten wie das futuristische Casa da Música und nette Restaurants zum Einkehren.

Das angrenzende Cedofeita ist ein angesagtes Studentenviertel mit hippen Ausgehlokalen, kleinen Galerien und Geschäften und sogar der ältesten Kirche der Stadt.

TOURSTART: FACULDADE DE ARQUITECTURA **1** 📖 C3

Die dem Minimalismus und Kritischem Regionalismus zugewandte »Escola do Porto« hat sich einen so großen Namen gemacht, dass sie mittlerweile als eigene Stilbewegung innerhalb der modernen portugiesischen Architektur gilt. Die FAUP (Faculdade de de Arquitectura da Universidade do Porto) ging Ende der 1970er-Jahre aus der Kunsthochschule hervor, die modernen Institutsgebäude baute Portos Pritzker-Preisträger Álvaro Siza Viera zwischen 1985 und 1993 (Via Panorâmica, www.arq.up.pt, Mo–Fr 9–18 Uhr, 5 €; Führungen nur nach Voranmeldung 7,50 €).

PLANETÁRIO DO PORTO **2** 📖 B3

Schauen Sie in die Sterne! Das Planetarium gehört zum Netz der Wissenschaftsmuseen Centros de Ciência Viva. Doch nicht nur für Schulklassen ist das von der Uni verwaltete astrophysikalische Zentrum spannend. Das moderne digitale Projektionssystem macht Tausende von Sternen sichtbar. Ein

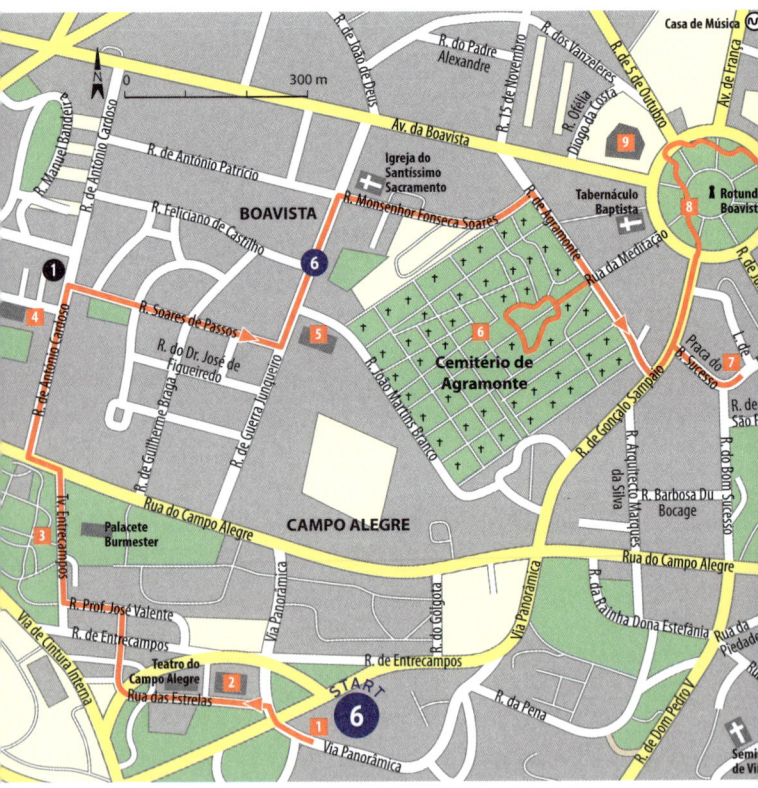

thematisch vielfältiges Programm vermittelt echtes Weltraumfeeling und lässt einen in unbekannte Galaxien eintauchen (Rua das Estrelas, www.planetario.up.pt, Mo–Fr 9 bis 12.30 und 13.30–17, Sa–So 15 bis 16.30 Uhr, 5 €).

JARDIM BOTÂNICO DO PORTO
3 ⭐ 📖 A2

Obwohl der Botanische Garten der Universität Porto keinen Eintritt kostet und sogar internationale Preise gewonnen hat, ist er bei vielen Porto-Besuchern kaum bekannt. Auf rund 4 ha gibt es Baumriesen, thematische Gärten und restaurierte alte Gewächshäuser zu sehen, sehenswert auch die Kakteensammlung. Das Gelände gehörte einst dem Christusritterorden, 1875 baute ein Brasilianer sein Palais auf das Anwesen, das Ende des 19. Jh. von der Familie Andresen renoviert und romantisiert wurde. In der eleganten Casa Andresen verbrachte die berühmte Dichterin Sophia de Mello Breyner Andresen während der 1920er-Jahren einen Teil ihrer Kindheit. Heute befindet

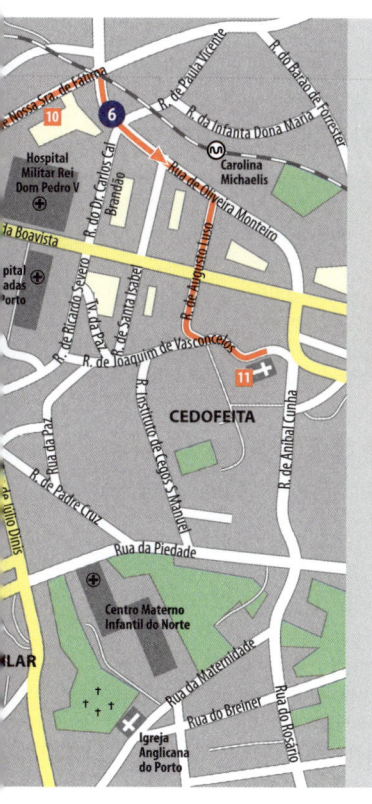

sich dort das **Centro da Biodiversidade,** in dem permanente und wechselnde Ausstellungen rund um das Thema Artenvielfalt gezeigt werden (Rua do Campo Alegre 1191, https://mhnc.up.pt, Garten: tgl. 9–18 Uhr, Eintritt frei; Galeria da Biodiversidade: Di–So 10 bis 18 Uhr, 5 €).

CASA DE ALLEN 4 📖 A1/2

Ende der 1920er-Jahre ließ sich der Vizegraf Villar d'Allen dieses schmucke Palästchen bauen und einen herrlichen Garten anlegen. Heute beherbergt es unter anderem eine Abteilung der Kulturdirektion Nord. In dem Palacete und der von Eduardo Souto de Moura gebauten **Casa de Artes** im Garten finden zudem regelmäßig Veranstaltungen, Kinovorführungen und Workshops statt (Rua de António Cardoso 175, www.facebook.com/casa. allen.porto, Casa Allen Mo–Fr 9–12.30 und 14–17.30 Uhr, Garten Mo–Fr 9–18.30, Sa bis 20.30, So bis 18.30 Uhr, Casa de Artes Mo 14.30 bis 18.45, Di–Fr 10–12.15 und 14.30

bis 18.30, Sa 14.30–21.45, Mai–Sept. auch 10–12.15, So 14.30–18.45 Uhr, Aug. geschl., Eintritt frei).

ZWISCHENSTOPP: RESTAURANT
bbgourmet Maiorca ❶ €€ 📖 A/B1
Zum Kaffee genießt man kunstvolle leckere Törtchen. Es gibt auch eine gute Auswahl an kreativen Tagesgerichten für Mittag- oder Abendessen – und dies zu fairen Preisen. Die bunten Köstlichkeiten schmecken in dem hellen Gastraum gleich doppelt gut.
• R. de António Cardoso 301
  Tel. 226092003 | www.bbgourmet.net
  tgl. 8–23 Uhr

SINAGOGA KADOORIE 5 📖 C2

In der größten Synagoge der iberischen Halbinsel präsentiert das **Museu Judaíco** eine Sammlung zur Geschichte des Judentums in Porto – von den alten Judenvierteln des 14. Jhs. über die grausame Inquisitionszeit des 15. und 16. Jhs. bis zur heutigen jüdischen Gemeinde, die 1923 von Hauptmann Artur Carlos de Barros Basto gegründet wurde. Die in den 1930er-Jahren gebaute, orientalisch anmutende Synagoge

---

🔖 SOPHIA DE MELLO BREYNER ANDRESEN

Wie wichtig die 1919 in Porto geborene und 2004 in Lissabon gestorbene Autorin für die Literaturlandschaft Portugals war und ist, erkennt man zum Beispiel daran, dass sie als erste Frau den renommiertesten Literaturpreis der portugiesischsprachigen Welt gewann, den Prémio Camões.

Sie wurde im Lissabonner Nationalpantheon beigesetzt, und immer mehr Plätze, Aussichtspunkte und Straßen erhalten ihren Namen. Die dänischstämmige Geschichtenerzählerin engagierte sich während des Salazar-Regimes gegen den Faschismus und nach der Nelkenrevolution in der Sozialistischen Partei (PS). Ihre Kindheit verbrachte sie zum Teil in der Casa Andresen auf dem Gelände des heutigen Botanischen Gartens.

verbindet in ihrem Inneren portugiesische Fliesen mit sephardischem Schmuck (Rua de Guerra Junqueiro 325, www.comunidade-israelita-porto.org, Besichtigung (So–Fr) nur auf schriftliche Anfrage, Formular auf der Website).

CEMITÉRIO DE AGRAMONTE
6 📖 C/D1/2

16 Jahre nach der Eröffnung des ersten öffentlichen Friedhofs Cemitério do Prado do Repouso am östlichen Stadtrand brauchte man 1855 bereits einen zweiten, der Grund war eine große Cholera-Epidemie. Der fast schon romantisch anmutende, 12 ha große Friedhof entstand auf dem Reißbrett, die Wege sind von markanten Bäumen gesäumt und es gibt einige auffällige Grabdenkmäler zu sehen. Besonders eindrucksvoll ist das Denkmal für die über 100 Opfer eines Theaterbrands in der Rua Sá da Bandeira 1888, in das Teile der Brandruine verbaut wurden (Rua de Agramonte, www.cm-porto.pt/cemiterios/cemiterio-de-agramonte, tgl. 8.30–17 Uhr, Übersichtsplan am Eingang).

MERCADO DO BOM SUCESSO
7 📖 D2

Im wahrsten Sinne des Wortes ein guter Erfolg: Dank des Event- und Gastronomiekonzepts, das die 1952 eingeweihte Markthalle 2013 in einen angesagten Szenetempel verwandelte, konnte der Mercado gerettet werden. Nun bietet er neben Obst und Gemüse auch Cocktails und Meeresfrüchte, Wein und Ta-

Das Monument auf der Praça Mouzinho de Albuquerque erinnert an den Sieg über Napoleon zu Beginn des 19. Jh.

pas, Gourmetgeschäfte und Gratis-show › S. 40 (Praça Bom Sucesso 3, www.mercadobomsucesso.pt, So bis Do 10–23, Fr–Sa 10–24 Uhr, Marktstände: Mo–Sa 9–20 Uhr).

PRAÇA MOUZINHO DE ALBUQUERQUE **8** 📖 D1

Inmitten der **Rotunda de Boavista,** dem größten Kreisels Portos, erhebt sich über der kreisrunden Parkanlage, die im 19. Jh. als Marktplatz genutzt wurde, ein riesiges Säulendenkmal. Das 45 m hohe **Monumento aos Hérois da Guerra Peninsular** gedenkt der Helden der Kriege gegen die napoleonischen Invasoren zwischen 1809 und 1814. Verschiedene Künstler, Bildhauer und Architekten arbeiteten zwischen 1909 und 1952 an dem Denkmal, auf dessen Spitze ein Löwe über einem Adler sitzt. Der Löwe symbolisiert die Hilfe der Engländer, ohne die es die Portugiesen gegen die Franzosen wohl nicht geschafft hätten, der gebändigte Adler steht für die geschlagenen napoleonischen Truppen.

CASA DA MÚSICA 9 ⭐9 📑 D1

Auch wenn es nicht rechtzeitig zum Kulturhauptstadtjahr 2001 fertig wurde, sind die Portuenser stolz auf ihr postmodernes Musikhaus mit der auffälligen Architektur und der ausgeklügelten Akustik. Es wird von gleich drei eigenen Ensembles und zahlreichen Gastmusikern bespielt. Die Tickets sind absolut erschwinglich, weil sich nicht zuletzt auch von jedem Platz des Hauptsaals, der nach der in Porto geborenen Cellistin Guilhermina Suggia (1885–1950) benannt ist, das gleiche grandiose Klangerlebnis bietet. Rem Koolhas und Ellen Van Loon aus Rotterdam planten das 2005 fertig gestellte Konzertgebäude, das man bei einer abwechslungsreichen Führung kennenlernen kann. Jedes Material, jede Farbe und jede Dekoration hat eine Bedeutung oder einen akustischen Zweck, und viele spannende Geschichten ranken sich um das großartige Bauwerk › S. 72 (Avenida da Boavista 604, www.casadamusica.com, Führungen auf Englisch: tgl. 11/16, im Sommer auch 10/17 Uhr, 10 €, kann mit einem Konzertticket verrechnet werden). › mehr S. 16 Punkt 29

Die Holztäfelung im großen Konzertsaal der Casa da Música wurde mit Blattgold verziert

CASA-MUSEUM MARTA ORTIGÃO SAMPAIO 🔟 🖼 E1

So unscheinbar das modernistische Wohnhaus aus den späten 1950er-Jahren ist, so besonders ist die Sammlung der Malerin und Kunstmäzentochter Marta Ortigão Sampaio (1891–1978), die sie der Stadt vererbte: sechs Stockwerke mit wertvollen Gemälden, Möbeln und Schmuck. Das kaum besuchte Hausmuseum gehört zu den bestgehüteten Kunstgeheimtipps Portugals (Rua de Nossa Senhora de Fátima 291–299, Di–So 10–17.30 Uhr, 2,20 €, am Wochenende gratis).

IGREJA DE SÃO MARTINHO DE CEDOFEITA 11 🖼 F2

Eine Legende besagt, dass ein suebischer König im 6. Jh. ein Gelübde ablegte: Sollte sein Sohn von seiner schweren Krankheit geheilt werden, wolle er dem Heiligen Martin von Tours eine Kirche weit außerhalb der Stadtmauern widmen. Er wartete die Genesung gar nicht ab und begann mit dem Bau. Als sein nun gesundeter Sohn auftauchte, stand die Kirche – »Cito facta« oder »Cedo feita« (schon früher fertig). Der Ortsname des heute so beliebten Studenten-, Kunst- und Ausgehviertels war geboren.

Von der damaligen Kirche sind wohl nur noch Reste übrig, doch auch der romanische Bau, den man heute sehen kann, entstand im späten 11. Jh. und gilt damit als älteste Kirche der Stadt. Gleich nebenan ein moderner Kontrast: Die neue Pfarrkirche aus dem 20. Jh. (Largo do Priorado, Di–Fr 16–19 Uhr).

TOUR 7

SERRALVES

VERLAUF: Museu de Arte Contemporânea › Casa Serralves › Casa do Cinema Manoel de Oliveira › Parque de Serralves

KARTE: Seite 108
DAUER: ca. 1 Std. reine Gehzeit (mit Besichtigungen des Museums und der Casas entsprechend länger)
START UND ZIEL: Haltestelle Serralves (Buslinien 203, 207)
PRAKTISCHE HINWEISE:
• Rua D. João de Castro 210, www.serralves.pt, April–Sept. Mo–Fr 10–19, Sa/So 10–20 Uhr, Okt.–März Mo–Fr 10–18, Sa–So 10–19 Uhr; 20 €; nur Museum 12 €, nur Casa & Park 12 €, nur Casa do Cinema & Park 12 €

Serralves – das steht für Gegenwartskunst wie kaum ein anderes Kunstzentrum Portugals. Die halböffentliche Stiftung zeigt in ihrem Museu de Arte Contemporânea und in der Art-déco-Villa Casa Serralves die renommiertesten internationalen Ausstellungen des Landes, doch auch die Kunst im Park und in der Casa do Cinema bieten höchsten Kulturgenuss. Beheimatet ist die 1989 gegründete Fundação Serralves auf dem einstigen Besitz des frankophilen Textilfabrikanten und

Privatiers Carlos Alberto Cabral (1895–1968), der sich ab 1925 sein Anwesen mit dem Namen „»Quinta de Serralves« anlegen und gestalten ließ. Heute erfreuen nicht nur die Kunstausstellungen, sondern auch die kulturellen Veranstaltungen wie »Jazz no Parque« oder »Serralves em Festa« die Besucher.

TOURSTART: MUSEU DE ARTE CONTEMPORÂNEA 1 ▮ f3

Allein das 1999 eingeweihte, vom Pritzker-Preisträger Álvaro Siza

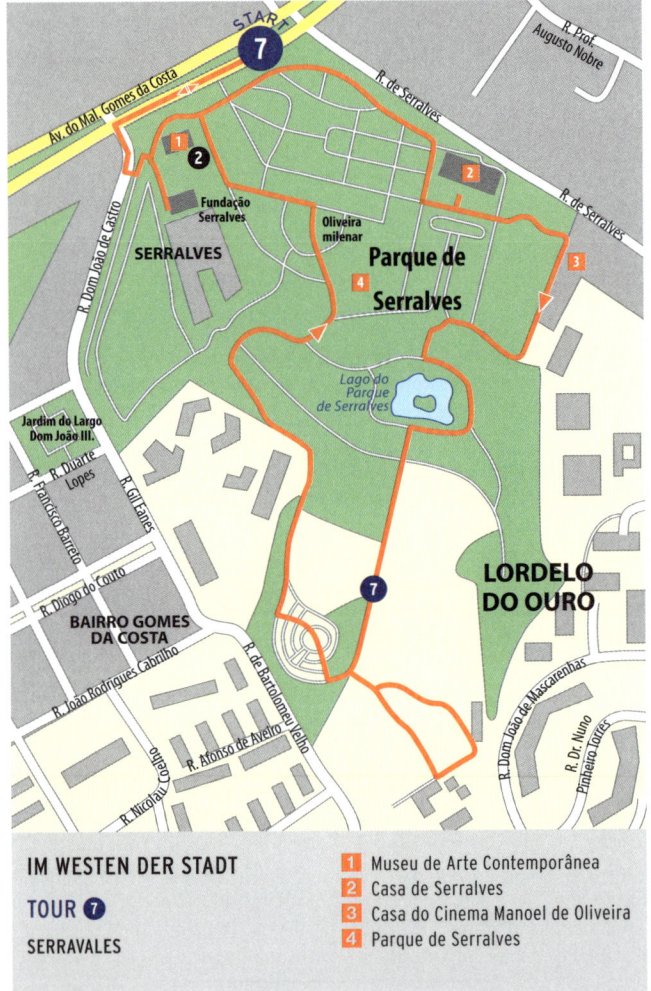

IM WESTEN DER STADT

TOUR 7

SERRAVALES

1 Museu de Arte Contemporânea
2 Casa de Serralves
3 Casa do Cinema Manoel de Oliveira
4 Parque de Serralves

Skulptur von Anish Kapoor im Eingangsbereich des Museu de Arte Contemporanea

Viera gebaute Museumsgebäude ist spektakulär. Mal kubisch, mal geschwungen, mit kühlen, aber lichtdurchfluteten Gängen schmiegt es sich asymmetrisch, aber harmonisch in eine Mulde des Parkgeländes. Die Natur immer wieder im Blick, bieten die elf Säle Raum für die großen zeitgenössischen Ausstellungen. Eine aussichtsreiche Pause gönnt man sich auf der Terrasse des Museumsrestaurants im Obergeschoss oder in der Cafeteria neben der Bibliothek im Untergeschoss – selbst hier eröffnen die Fensterfronten eine Verbindung zum Park. In der (kostenlos zugänglichen) Bibliothek gibt es zusätzlich kleine Ausstellungen.

CASA DE SERRALVES 2 📖 f3

Das historische Herzstück des Anwesens ist die in den 1930er-Jahren gebaute Art-déco-Villa am Nordrand der Parkanlage, sie gilt als das bedeutendste Art-déco-Bauwerk Portugals. Der Textilfabrikant und selbsternannte Graf Carlos Alberto Cabral engagierte die namhaftesten Architekten und Designer jener Zeit für den Bau und die Ausstaffierung seiner Sommerresidenz. So ist das Oberlicht in der Decke des Saals im ersten Stock zum Beispiel das Werk des französischen Schmuck- und Glaskünstlers René Lalique. Die Renovierungsarbeiten von 2004 leitete wiederum Álvaro Siza Viera. Inzwischen werden die kunstvollen

Räume auch für Sonderausstellungen genutzt, 2019 beispielsweise für eine Sammlung mit den Werken von Joan Miró.

CASA DO CINEMA MANOEL DE OLIVEIRA **3** 📖 f3

Das neueste Projekt der Stiftung widmet sich der Welt des Films – und dem wichtigsten Vertreter der »Sétima Arte« in Portugal: dem Portuenser Filmregisseur und Drehbuchautor Manoel de Oliveira (1908–2015). Seine Anfänge lagen noch in der Stummfilmzeit, lange galt er als der älteste aktive Regisseur der Welt. 2019 eröffnete in der einstigen Garage der Casa de Serralves und einem neu gebauten Gebäude (geplant von Álvaro Siza Viera) eine permanente Ausstellung über sein Leben und seine Werke – inklusive Kinosaal. Zu-

---

💬 **MANOEL DE OLIVEIRA**

Wer über den portugiesischen Film spricht, denkt wohl als erstes an den großen Regisseur und Drehbuchautor Manoel de Oliveira. Oft bot ihm seine Heimatstadt Porto die Geschichten und die Kulissen für seine neorealistischen Filme. In den Jahrzehnten des Faschismus widmete er sich zeitweise dem Portweinanbau – der Freigeist hatte es nicht leicht im Estado Novo. Umso mehr blühte er im Rentenalter auf, nach 1974 drehte er ein Meisterwerk nach dem anderen.

---

sätzlich gibt es temporäre Expositionen zu Themen rund um das zeitgenössische Kino.

ZWISCHENSTOPP: TEEHAUS
Casa de Chá 2 €–€€ 📖 f3

Lauschig und lecker! Unter den Glyzinien-Pagoden sitzend genießen Sie einen Afternoon Tea mit Scones und Sandwiches – oder einfach ein köstliches Stück Schokoladenkuchen. Mittags gibt es Büfett.

• Im Museu de Arte Contemporânea April–Sept. Mo–Fr 12–18, Sa/So 11–19 Uhr

PARQUE DE SERRALVES **4** 📖 f3

Insgesamt erstreckt sich das Serralves-Anwesen auf rund 18 ha, man kann sich wirklich stundenlang hier aufhalten. Vor allem die verschiedenen Bereiche der weitläufigen Gartenanlage mit ihrem romantischen See, den zahlreichen Skulpturen namhafter Künstler und der artenreichen Flora laden zu einem ausgiebigen Spaziergang ein. Den oberen Teil des Parks legte der von Carlos Alberto Cabral beauftragte französische Landschaftsarchitekt Jacques Gréber ab 1932 an, zuvor befanden sich hier die vom viktorianischen Stil beeinflussten Gärten der Quinta do Lordelo aus dem 19. Jh. Einige der Bäume stammen noch aus dieser Zeit, der **Treetop Walkway** führt nun durch einen Teil dieses Waldes.

Im unteren Bereich des Anwesens – Ländereien, die Carlos Alberto Cabral erst nach und nach hinzugekauft hatte – befinden sich pädagogische Gärten, ein ehemaliger Bauernhof und ein herrlicher Kräutergarten.

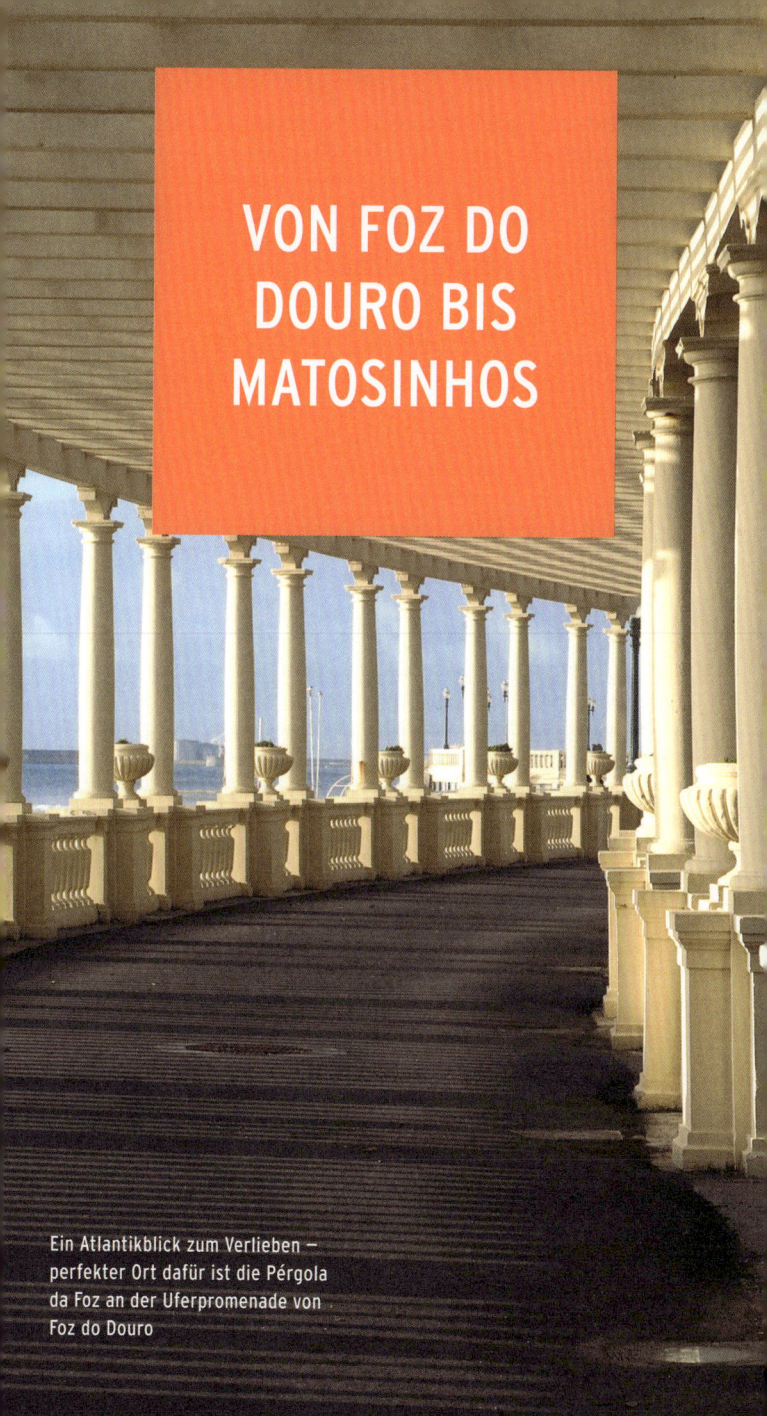

VON FOZ DO DOURO BIS MATOSINHOS

Ein Atlantikblick zum Verlieben –
perfekter Ort dafür ist die Pérgola
da Foz an der Uferpromenade von
Foz do Douro

Tief im Westen küsst Porto den Atlantik. Mit einer herrlichen Flaniermeile am Meer und langen Stränden wie in Porto kann die große Rivalin Lissabon im Süden nicht mithalten, die in ihrem Stadtgebiet ausschließlich Flussufer zu bieten hat.

Von den Molen im Mündungsbereich des Douro in Foz do Douro bis zur sogenannten Käseburg erstrecken sich die Strände Portos. Schon praktisch, wenn man mal eben mit der Straßenbahn, dem Bus oder noch besser mit dem Fahrrad zum Strand fahren kann. Leider herrscht nur in wenigen Sommerwochen richtiges Strandwetter in Porto, und der Atlantik gibt sich selbst im Hochsommer ziemlich frisch. Dennoch: Seit im 19. Jh. die Bourgeoisie beschlossen hatte, in Foz do Douro und Nevogilde den Badefreuden zu frönen, stehen die inzwischen eingemeindeten Vororte für das schöne Leben in Meeresnähe. Mittlerweile mischen sich auch viele nicht so hübsche Wohnblöcke zwischen die Villen, doch der gute Ruf ist geblieben. Zahlreiche Parkanlagen und Gärten – darunter mit dem Parque da Cidade sogar der größte des Landes – erfreuen die Anwohner und die Besucher der Wasserfront.

Nördlich der Käseburg (Forte de São Francisco Xavier) beginnt Matosinhos, der Nachbarkreis. Die langgezogene Praia de Matosinhos gehört also streng genommen nicht mehr zu Porto. Diese Verwaltungsgrenzen interessieren jedoch freilich

An den Mündungsmolen in Foz do Douro sollte man sich nicht so weit hinauswagen

niemanden, wenn es ums Sonnenbaden oder Surfen geht. Matosinhos steht für emsige Sardinenfischer und hervorragende Grillrestaurants, aber auch für Industrieanlagen, Raffinerien und den größten künstlichen Hafen des Landes.

Apropos Kunst: In Matosinhos wurde Stararchitekt Álvaro Siza Vieira geboren, ein modernes Architekturmuseum begeistert die Besucher. Auch das von Luis Pedro Silva geplante futuristische Kreuzfahrtterminal bringt nicht nur Kreuzfahrttouristen zum Staunen. Und über die von Eduardo Souto de Moura neu gestaltete Uferpromenade kann man prima flanieren!

TOUREN IN DEN STADTVIERTELN

TOUR
8

DOURO-MÜNDUNG & ATLANTIKKÜSTE

VERLAUF: Capela de Santa Catarina > Marginal > Jardim do Passeio Alegre > Farol das Felgueiras > Pérgola da Foz > Praia da Homem do Leme > Parque da Cidade

---

KARTE: Seite 114
DAUER: ca. 2,5 Std. reine Gehzeit
START: Haltestelle Santa Catarina (Buslinien 207, 505)
ZIEL: Haltestelle Parque da Cidade (Linie 502)
PRAKTISCHE HINWEISE:
• Manche Sehenswürdigkeiten sind Mo oder am Wochenende geschl.

Das einstige Fischerviertel Foz do Douro ist heute das nobelste Viertel der Stadt: Die Villen sind größer, die Strände näher und die Luft sauberer – man nennt den 1836 eingemeindeten Vorort im Mündungsbereich des Douro sogar »die Lunge Portos«. Nach Norden hin schließen sich die vornehmen und modernen Wohnviertel des Atlantikvororts Nevogilde an. Mit dem riesigen Parque da Cidade haben sie die landesweit größte urbane grüne Lunge vor der Nase. Auf geht es zu einem Spaziergang mit viel Grün und frischer Atlantikluft.

TOURSTART: CAPELA DE SANTA CATARINA **1** ▮ g5

1395 stiftete König João I. den Portuenser Seeleuten ein vom Fluss aus sichtbares Grundstück weit vor den Toren der Stadt, um eine Kapelle zu Ehren ihrer Schutzheiligen Katharina zu bauen. Im 19. Jh. wurde die Kapelle erweitert und diente der Gemeinde Lordelo de Ouro zeitweise als Pfarrkirche, heute ist sie jedoch meist verschlossen. Dafür entschädigt die faszinierende Aussicht von der Anhöhe auf die Flussmündung. ▶ S. 98.

MARGINAL

Mehrmals wechselt die Uferstraße ihren Namen, die Einheimischen nennen sie einfach »Marginal«. Die aus Granit bestehende Brunnenanlage **Fonte do Ouro** 2 📖 g5 versorgte das einstige Fischer- und Werftviertel Ouro im 19. Jh. mit Wasser. Wo das Bächlein Ribeira da Granja in den Douro mündet, beginnt der kleine Uferpark **Jardim do Calém** 3 📖 f5, in dem eine kunstvoll gestaltete Eisenbank zur Vogelbeobachtung einlädt. Auf der vorgelagerten Sandbank und den Felsen tummeln sich tatsächlich ei-

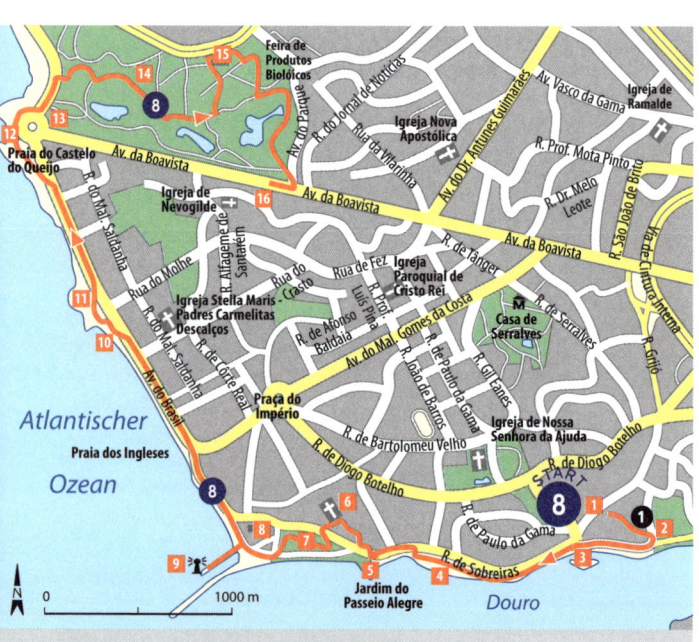

VON FOZ DO DOURO BIS MATOSINHOS

TOUR 8

DOURO-MÜNDUNG & ATLANTIKKÜSTE

1 Capela de Santa Catarina
2 Fonte do Ouro
3 Jardim do Calém
4 Jardim das Sobreiras
5 Farol de São Miguel-o-Anjo
6 Igreja de São João da Foz
7 Jardim do Passeio Alegre
8 Fortaleza de São João da Foz

9 Farolim de Felgueiras
10 Pérgola da Foz
11 Praia do Homem do Leme
12 Castelo do Queijo
13 Sea Life
14 Parque da Cidade
15 Pavilhão da Água
16 Museu do Papel Moeda

Beißen die Fische noch pünktlich zum Abendessen an?

nige Vögel. Eine 1960 aufgestellte Statue erinnert an die Eroberung Ceutas im Jahr 1415.

Richtung Westen geht es fast nahtlos über in den nächsten Park: **Jardim das Sobreiras 4** ▮ e5 mit seinen Schlangenlinienwegen und den beiden Lokalen, die sich dank des Ausblicks vor allem bei Sonnenuntergang füllen. Ein paar Meter weiter reckt sich der Pontal da Cantareira in den Mündungsbereich, an seiner Spitze misst der Marégrafo seit dem späten 19. Jh. die Tiden und den Wasserstand. Bereits 1527 ordnete Bischof Dom Miguel da Silva den Bau des quadratischen **Farol de São Miguel-o-Anjo 5** ▮ e5 (Kapellen-Leuchtturm) an, um einfahrenden Schiffen den Weg zu weisen. Es war das erste reine Renaissancegebäude des Landes. Nun soll der älteste Leuchtturm Portugals auch der Öffentlichkeit zugänglich

gemacht werden. In einem Anbau hat die Wasserrettung ihren Sitz.

IGREJA DE SÃO JOÃO DA FOZ
6 ▮ d5

Im Herzen der Altstadtgassen von Foz Velha erhebt sich seit dem frühen 18. Jh. die einschiffige Barockkirche zu Ehren Johannes des Täufers. Der Schutzpatron blickt von seiner Nische über dem Eingang auf die Kirchenbesucher hinab. Diese bekommen einiges geboten: Die wertvollen *talha dourada*-Altäre zählen zu den »joaninischen« Meisterwerken der während der Regentschaft des absolutistischen Königs João V. entstandenen Schnitzarbeiten. Die Vorgängerkirche der über 800 Jahre alten Gemeinde befand sich innerhalb der Festungsanlage São João da Foz, sie fiel im 17. Jh. Umbauarbeiten zu Opfer (Largo da Igreja, Di–So 9–12 und 15–19 Uhr).

Der Farolim de Felgueiras leuchtete über 100 Jahre lang den Schiffen den Weg

ZWISCHENSTOPP: RESTAURANT

Wish Restaurante & Sushi ❶

€€–€€€ 📖 d5

Küchenchef António Vieira begeistert mit kreativen und farbenfrohen Kreationen seiner mediterranen-japanischen Fusion-küche, die im eleganten Ambiente am Kirchplatz von Foz Velha serviert wird.

• Largo da Igreja 107, Tel. 223196831
  www.facebook.com/wishfoz
  So–Do 12–24, Fr–Sa bis 1 Uhr

JARDIM DO PASSEIO ALEGRE

7 📖 d5

Der umtriebige deutsche Land-schaftsgärtner Émile David schuf Ende des 19. Jhs. auch diesen Gar-ten, der neben erholsamen Grün und lauschigen Parkbänken sogar so manches architektonische Schätzchen bietet. Allen voran zwei Obelisken, die Nicolau Nasoni einst für die Quinta da Prelada geschaf-fen hatte, ein Granitbrunnen aus dem einstigen Franziskanerkonvent und ein romantisches schweizeri-sches Chalêt von 1874, in dem Kaf-fee, Drinks und Snacks serviert wer-den. Im und um den hübschen Musikpavillon finden regelmäßig Konzerte und Veranstaltungen statt.

FORTALEZA DE SÃO JOÃO DA FOZ **8** 📖 d5

Die wuchtige Verteidigungsfestung an der strategisch wichtigen Stelle zwischen Atlantik und Douro-Mündung diente ab dem 16. Jh. vor allem dem Schutz vor Seeräubern. Sie spielte auch eine wichtige Rolle im Restaurationskrieg von 1640 und während der napoleonischen Invasionen 1809. Heute beherbergt sie öffentliche Einrichtungen.

FAROLIM DE FELGUEIRAS
9 ▐ c5

Gleich zwei Schutzmolen stechen an der Nordseite der Douro-Mündung weit ins Meer, die ältere und kürzere der beiden entstand bereits ab 1790, fast ein Jahrhundert später begann der Bau des sechseckigen, 10 m hohen Leuchtturms. Mit der Aktivierung des neuen Leuchtfeuers von Leça da Palmeira und der moderneren, etwa 500 m langen Mole nebenan verlor er 2009 seine Aufgabe.

STRANDPROMENADE

Mal als Spazier- und Fahrradweg, mal als Holzsteg durch die Sandbuchten, mal unter Bäumen, mal vorbei an Strandcafés – Portos Atlantikpromenade ist einfach herrlich für einen Spaziergang mit Meerblick. Alle paar Meter lädt im Sommer ein neuer Strand zum Sprung ins (wirklich sehr kühle!) Nass ein, in den Cafés und Restaurants entlang der Küste hält man es aber auch im Winter aus. Wer sich für Geologie interessiert, kann sich an einer Schautafel über die Entstehung der Gesteinsformationen informieren. Besonders romantisch ist es zum Sonnenuntergang im Laubengang **Pérgola da Foz** **10**

▐ b3, seit den 1930er-Jahren einer der beliebtesten Plätze für Heiratsanträge und Hochzeitsfotos. Das 1934 errichtete Denkmal zu Ehren der Steuermänner gab auch der **Praia do Homem do Leme** **11** ▐ b3 ihren Namen – sie ist der Strandabschnitt mit dem größten Sandareal der Portuenser Küste.

CASTELO DO QUEIJO **12** ▐ a/b1

Eigentlich heißt die Festung aus dem 17. Jh. **Forte de São Francisco Xavier,** doch die Portugiesen nennen sie »Käseburg« – wegen der von der Erosion zerlöcherten Granitfelsen, auf denen sie errichtet wurde. Über die Geschichte der Festung, vor allem während der napoleonischen Kriege und dem Miguelistenkrieg im 19. Jh., erfährt man im kleinen Museum im Kastell. Von der Terrasse gibt es zudem einen prächtigen Ausblick über die Küste – bis zum modernen Kreuzfahrtterminal von Matosinhos (Praça de Gonçalves Zarco, Di–So 13–17 Uhr, 0,50 €). Weiter geht es am Aquarium **Sea Life** **13** ▐ b1 vorbei, der ersten Institution in Portugal mit einem positiven CO_2-Fußabdruck (Praça de Gonçalves Zarco, www.visitsealife.com/porto, Mo–Fr 10 bis 19, Sa–So 10–20 Uhr, 13,95 €, Kinder-, Familien- und Onlinetickets sind ermäßigt).

PARQUE DA CIDADE **14** ▐ b–d1/2

Ein Paradies für Familien, Jogger, Fahrradfahrer – und seit ein paar Jahren auch für Festivalgänger › S. 59. Mit 83 ha ist der 2002 endgültig fertiggestellte Stadt- und

Freizeitpark der größte des Landes. Die leicht hügelige Wald- und Wiesenlandschaft mit ihren Seen, verschlungenen Wegen, Sportplätzen und kunstvoll in Szene gesetzten Aussichtspunkten ist vor allem am Wochenende ein beliebtes Freizeitziel. So mancher Kindergeburtstag wird sonntagnachmittags mit Kind, Kegel und Kuchenpicknick im Park gefeiert. Der **Pavilhão da Água** 15 ▌c1 stand 1998 noch auf dem Expo-Gelände in Lissabon, seither dient er als interaktives Wasser- und Wasserenergiemuseum der Umweltbildung › S. 72 (Estrada da Circunvalação 15443, pavilhaoda agua.pt, Mo–Fr 10–17.30, Sa 10–13 und 14–17.30 Uhr, im Sommer Di bis Fr 10–18, Sa/So 10–13 und 14 bis 18 Uhr, 8 €. Park: verschiedene Eingänge, durchgehend geöffnet, Eintritt frei).

MUSEU DO PAPEL MOEDA
16 ▌d2

Das kleine, aber feine Museum der Stiftung des Bankiers **Dr. António Cupertino de Miranda** (1886–1974) befasst sich mit etwas so Schnödem wie Papiergeld – und ist gerade deshalb überraschend interessant. Schließlich ist es durchaus spannend zu erfahren, wie ein Stück Papier plötzlich an Wert gewinnt, sobald es als Scheck, Geldschein, Lotterielos oder Aktie bedruckt wird.

Eine andere Sammlung des Museums begeistert Autofans: 5000 Modellautos aus aller Welt sind zu bestaunen (Avenida da Boavista 4245, www.facm.pt, Mo–Fr 10 bis 12.30 und 15–18 Uhr, 4 €).

TOUR 9
MATOSINHOS

VERLAUF: Casa da Arquitectura › Praia de Matosinhos › Jardim Senhor do Padrão › Mercado › Quinta de Santiago › Igreja do Senhor de Matosinhos › Câmara Municipal

KARTE: Seite 119
DAUER: ca. 2,5 Std. reine Gehzeit (mit Besichtigungen entsprechend länger)
START: Ⓤ Matosinhos Sul
ZIEL: Ⓤ Câmara Matosinhos
PRAKTISCHE HINWEISE:
• Die Museen sind montags geschlossen, die Pfarrkirche ist nur werktags, das Kreuzfahrtterminal nur sonntags zu besichtigen.

Der Kreis Matosinhos zählt um die 180 000 Einwohner. Obwohl er zum direkten Einzugsgebiet von Porto gehört, weht hier ein ganz anderer Wind. Natürlich durch die Nähe zum Atlantik, aber auch wegen der Wirtschaftsstruktur. Porto ist traditionell die Stadt der Bourgeoisie und der (feinen) Händler. Matosinhos steht dagegen für Arbeit und Malocher. Gearbeitet wird im Containerhafen Porto de Leixões oder in den Raffinerien von Leça da Palmeira, in einer der vielen Nahrungsmittelfabriken oder im weltweit ersten Hafen für Sardinenfischer. Letzterem ist es zu verdanken, dass viele

VON FOZ DO DOURO BIS MATOSINHOS

TOUR 9

MATOSINHOS

1 Casa da Arquitectura
2 Praia de Matosinhos
3 Monumento Tragédia do Mar
4 Terminal de Cruzeiros de Leixões
5 Jardim Senhor do Padrão
6 Cine-Teatro Constantino Nery

7 Mercado de Matosinhos
8 Ponte Móvel
9 Museu da Quinta de Santiago
10 Igreja do Bom Jesus de Matosinhos
11 Casa da Juventude
12 Câmara Municipal

Die Dosen mit den vorgekochten Sardinen werden noch mit Olivenöl befüllt

Portuenser zum Fischessen nach Matosinhos pilgern. Über 600 Restaurants zählt der Kreis, viele von ihnen bereiten vor allem frischen Fisch zu. Kein Wunder, dass die Stadt sich neuerdings unter dem Begriff »World's Best Fish« vermarktet. Zum Thema Pilgern: Matosinhos ist auch ein alter Wallfahrtsort und überrascht mit einer prachtvollen Wallfahrtskirche. Heute sieht man immer mehr moderne Pilger, die sich über Matosinhos auf den Jakobsweg nach Santiago de Compostela aufmachen und sich im Tourismusbüro am Strand ihren Pilgerpass stempeln lassen.

TOURSTART: CASA DA ARQUITECTURA 1 ⭐ 📖 f5

Etwa zeitgleich mit dem Beginn der Bauarbeiten am Porto de Leixões Ende des 19. Jhs. entstanden zwischen 1897 und 1901 mit der Real Companhia Vinícola der Weinhändlerfirma Méneres & Companhia die ersten Industriegebäude von Matosinhos. Das 11 000 m² große Gelände, auf dem in erster Linie Weine abgefüllt und bis zum Export gelagert wurden, erstreckte sich über einen ganzen Straßenblock und war über Schienen mit dem Hafen verbunden. Nach der Firmenpleite 1930 begann der Verfall: Obdachlose und Flüchtlinge fanden hier Unterschlupf, bis die Stadtverwaltung die Gebäude endlich renovierte und in ein Kulturviertel verwandelte.

Seit 2017 beherbergt die einstige Real Vinícola nun neben dem städtischen Jazzorchester und einigen Läden das sehenswerte Architekturmuseum, das zuvor im Elternhaus des berühmten Architekten, in der Rua Roberto Ivens 582, untergebracht war – Álvaro Siza Vieira sind viele der wechselnden Ausstellungen gewidmet, sein Vermächtnis an Plänen und Modellen wird im Archiv dieses portugiesischen Architekturzentrums bewahrt (Avenida Menéres 456, http://casadaarquitectura.pt, Di–Fr 10–18, im Sommer bis 19 Uhr, Sa/So 10–19, Sommer bis 20 Uhr, 5 €).

PRAIA DE MATOSINHOS **2** 📖 e5

Gut 1 km lang ist der bei Sonnenbadenden und Surfern beliebte Stadtstrand. › mehr S. 12 Punkt **5** Parallel zum Sand verläuft der »Calçadão«, eine breite Uferpromenade, die 2002 von Eduardo Souto de Moura gestaltet wurde. Dort kann man prima zwischen der schwebenden, oft auch einfach »Anémona« genannten Fischnetz-Skulptur »She Changes« der Künstlerin Janet Echelmann im Süden bis zum Beginn des Hafenareals spazieren gehen, joggen, Rad fahren oder skaten.

MONUMENTO TRAGÉDIA DO MAR **3** 📖 e4

Am nördlichen Ende des Strandes erinnert das 2005 aufgestellt Bronzedenkmal an die bisher größte Schiffstragödie des Landes: Am 2. Dezember 1947 starben in einem fürchterlichen Sturm die Besatzungen von vier Fischerbooten, insgesamt 152 Sardinenfischer. Die fünf Figuren des Bildhauers José João Brito, der sich von dem Gemälde »Tragédia do Mar« von Augusto Gomes inspirieren ließ, stehen sinnbildlich für die 71 Witwen und 151 Halbwaisen, die diese Katastrophe hinterlassen hat.

TERMINAL DE CRUZEIROS DE LEIXÕES **4** 📖 c5

Wie ein feines weißes Schleifchen band Architekt Luís Pedro Silva 2015 das Kreuzfahrtterminal auf den Pier – es gilt inzwischen als eine der Ikonen der modernen Architektur Portugals. Was man aus der Ferne nicht sieht, sind die Millionen unregelmäßig verbauter Fliesen, die das Bauwerk zum Glänzen bringen. Wer nicht mit einem Kreuzfahrtschiff unterwegs ist, kann sich das Schmuckstück bei einer der geführten Touren, die die Hafenverwaltung anbietet, aus der Nähe anschauen

---

💬 **DER PORTUGIESISCHE JAKOBSWEG**

Seit der *Caminho francês* in manchen Monaten einer Pilger-Autobahn gleicht, auf der das Rennen um die Plätze in der nächsten Herberge schon früh am Morgen beginnen muss, weichen immer mehr Pilger auf den *Caminho Português* aus. Theoretisch könnte man ihn schon ab Lissabon laufen, doch besser markiert und mit ausreichend Unterkünften versehen ist er ab Porto.

Am ersten Tag führt die Variante des Küstenweges auch durch Matosinhos und ab hier weiter bis Vila do Conde. Wer die rund 240 km des portugiesischen Jakobswegs laufen möchte, bekommt im Pilgerbüro in der Capela Nossa Senhora das Verdades › **S. 75** alle wichtigen Infos.

(Terminal: Rua do Godinho, Führungen So 10.15, 11.15, 12.15, 15.15, 16.15 und 17.15 Uhr, Schalter offen ab 9.30 Uhr, 5 €, www.apdl.pt/en/web/apdl/guided-tours).

JARDIM SENHOR DO PADRÃO

5 📖 e4

Der kleine Stadtpark, in dem alljährlich im August das gastronomische Fisch- und Meeresfrüchtefestival »amar« gefeiert wird, blickt auf eine alte Legende zurück. Der barocke Kuppelbau aus dem 18. Jh. beschützt das Bildnis des Guten Jesus, dem »Bom Jesus de Bouças«, das hier vom Meer angspült wurde und später als »Senhor de Matosinhos« bekannt wurde. Einst konnte man das einsam am Strand von Espinheiro stehende Monument von weit her sehen, sowohl vom Land, als auch von der See aus. Damit ist es seit dem frühen 20. Jh. vorbei – die Hafenanlagen verdecken es inzwischen von fast allen Seiten. Die Bedeutung ist geblieben, vor allem für die Fischerfamilien, die hier zum 1. November Tausende von Kerzen anzünden, um der auf dem Meer verstorbenen Fischer zu gedenken.

ZWISCHENSTOPP: RESTAURANT

Salta o Muro **2** €€ 📖 d4

An Grillrestaurants, in denen meist auf der Straße frischer Fisch – allen voran Sardinen – gegrillt werden, mangelt es nicht in Alt-Matosinhos. Vom Fischereihafen müsste man nur einmal über die Mauer springen, dann sitzt man in diesem familiären Lokal, in dem der Fisch ebenso König ist wie der Kunde. Der muss allerdings warten, bis ein Platz frei wird, Reservierungen werden nicht angenommen.

Am blendend weißen Terminal de Cruzeiros de Leixões legen die Kreuzfahrtschiffe an

• Rua Heróis de França 386
  Tel. 229380870 | http://saltaomuro.pt
  Di–Sa 12–15 und 19–23 Uhr).

CINE-TEATRO CONSTANTINO NERY 6 🎭 d/e3

Theateraufführungen, Festivals, Kino-Sessions – seit 2008 ist wieder ordentlich Leben in dem 1906 eingeweihten Stadttheater, das nach dem Amazonas-Gouverneur António Constantino Nery (ein guter Freund des in Brasilien zu Reichtum gekommenen Gönners) benannt wurde. Vom ursprünglichen Gebäude, das ab den 1980er-Jahren allmählich verfiel, blieb nur die hübsche Fassade. Innen sorgt der modernisierte, 240 Zuschauer fassende Saal für erstklassigen Kulturgenuss (Avenida Serpa Pinto 242, Programm: www.facebook.com/TeatroMunicipalDeMatosinhosConstantinoNery).

MERCADO DE MATOSINHOS 7 🎭 e3

Durch die von Geschäften gesäumte und verkehrsberuhigte Einkaufsstraße Rua Brito Capelo gelangt man zur Markthalle. Über zwei Ebenen gibt es einiges zu sehen, von lebenden Hühnern und frischen Fischen bis zu Pflanzensamen und Gourmetmarmeladen. Das Marktgebäude wurde 1952 eingeweiht, inzwischen beherbergt es auch ein paar angesagte Einkehrmöglichkeiten und die Kunstgalerie »Manifesto« › S. 40 (Rua França Júnior, Mo 7–14, Di–Fr 6.30–18, Sa 6.30 bis 16.30 Uhr, www.facebook.com/MercadoMunicipaldeMatosinhos).

PONTE MÓVEL 8 🎭 e2

Sollte die bewegliche Hydraulikbrücke gerade für ein durchfahrendes Containerschiff geöffnet und für den Fußgänger- und Autoverkehr gesperrt sein, kann man sich die Zeit mit Schauen und Staunen vertreiben: Die 2007 gebaute Brücke über den Rio Leça ersetzte eine Vorgängerkonstruktion und gehört zu den vier größten beweglichen Brücken der Welt. Von hier lässt sich bereits prima das Treiben im Hafen beobachten.

Der **Porto de Leixões** entstand ab 1884 und gilt als wichtigste portugiesische Ingenieursleitung des 19. Jh. Der Bau der beiden Schutzmolen war nur möglich dank der von Dampfmaschinen betriebenen »Titanen«, den riesigen Eisenkränen, die Block für Block die Wälle aufschütteten. Auf der Nordmole ist noch einer dieser *titãs* zu sehen.

MUSEU DA QUINTA DE SANTIAGO 9 🎭 e1

Zwischen Hafen- und Industrieanlagen, Schnellstraßen und Wohnblöcken, lassen sich in **Leça da Palmeira** am Nordufer des vom Hafen gebändigten Rio Leça auch zwei herrliche Parkanlagen finden. Die weitläufigere, aber auch weiter entfernt liegende ist die **Quinta da Conceição** auf dem Gelände des einstigen Franziskanerklosters Nossa Senhora da Conceição. Der Begründer der Architekturschule von Porto, Fernando Távora, gestaltete den größten öffentlich Park Matosinhos in den 1960er-Jahren. Derselbe Architekt leitete 1996 auch die

Verwandlung der **Quinta de Santiago** in ein städtisches Museum. Es beherbergt neben Exponaten zur vom Hafenbau beeinflussten Stadtgeschichte eine Sammlung an Gemälden, Skulpturen und dekorativer Kunst. Allein die romantische, im späten 19. Jh. gebaute Sommervilla mit ihrem Stilmix aus Neomanuelinik, Neobarock, Neoklassizismus und ein paar Anleihen aus dem Mittelalter lohnt den Abstecher. Sie gehörte der Aristokratenfamilie Santiago de Carvalho e Sousa. Als Architekt engagierte sie den Italiener Nicola Bigaglia (Rua de Vila Franca 134, www.facebook.com/museuquintasantiago, Di–So 10–13, 15–18 Uhr, im Winter am Wochenende nur nachmittags, 1 €). Dass die bourgeoisen Badefreuden durch den Hafenbau eingeschränkt werden könnten, hatten sie wohl damals nicht bedacht.

IGREJA DO BOM JESUS DE MATOSINHOS 10 📱 f/g3

Zurück über die Brücke und vorbei an der frei stehenden Fassade der Barockkapelle Santo Amaro aus dem 18. Jh., die einst dem Hafenbau zum Opfer fiel und 2009 an dieser Stelle wieder aufgestellt wurde, gelangt man zum weitläufigen Areal der Wallfahrts- und Pfarrkirche von Matosinhos.

Sie entstand im späten 16. Jh. im Stil der Renaissance, doch von dem ursprünglichen Werk aus den Entwürfen Jean de Rouens ist nicht mehr viel zu sehen. Dank großzügiger Spenden und Votivgaben fanden den im 18. Jh. Umbaumaßnahmen und Ausschmückungen im Inneren statt, die sie zu einer der elegantesten Kirchen des Barocks machten. Die prachtvolle Fassade stammt von Barockkünstler Nicolau Nasoni. Und falls Sie sich fragen, was es auf sich hat mit dem *Bom Jesus* (Guter Jesus), dessen Verehrung von Seeleuten bis nach Brasilien getragen wurde: Bei dem im Hochaltar zu sehenden Christus von Matosinhos handelt es sich um die älteste lebensgroße Jesusfigur Portugals, sie soll laut der Legende schon im 2. Jh. angespült worden sein. In Wahrheit stammt sie wohl aus der spätromanischen oder frühgotischen Zeit um 1300 (Rua Silva Cunha, Mo–Fr 9–12, 14.30–18 Uhr, am Wochenende nur zu den Messen).

So oder so sorgte sie für einen großen Pilgerkult, der sich bis heute in Form eines rauschenden Fests äußert – die »Festa do Senhor de Matosinhos« steigt rund 50 Tage nach Ostern.

CASA DA JUVENTUDE 11 📱 f/g3

Der in Brasilien zu Reichtum gekommene Matosinhense António Godinho da Silva ließ sich im späten 19. Jh. dieses schmucke Palästchen bauen. Im Auftrag der Stadtverwaltung verwandelte es Álvaro Siza Vieira 1997 in das Haus der Jugend, in dem Workshops, Kurse und Veranstaltungen stattfinden und junge Leute Beratungsangebote für alle Lebenslagen finden (Avenida D. Afonso Henriques 487, www.facebook.com/casa.juventude.matosinhos, Mo–Fr 9.30 bis 19.30 Uhr).

Bei den Festas do Senhor de Matosinhos gibt es religiöse Prozessionen, aber auch weltliches Remmidemmi

CÂMARA MUNICIPAL 12 ▮ g3/4

Rund um das 1987 eingeweihte Rathausgebäude wird Matosinhos seinem Ruf als Hochburg der modernen portugiesischen Architektur besonders gerecht. Das erste bedeutende Verwaltungsgebäude, das nach der Nelkenrevolution 1974 entstand, stammte aus Entwürfen des Architekten Alcino Soutinho. In eleganten Linien erhebt sich die mal geschwungene, mal eckige Fassade aus gelbem Marmor. João Cutileiro, der berühmteste Bildhauer des Landes, schuf ein Relief über die Identität der Stadt, Júlio Resende ein kunstvolles Azulejopaneel im von außen einsehbaren Plenarsaal. Im Untergeschoss betreibt die Stadtverwaltung gemeinsam mit der Hochschule für Kunst und Design die **Casa do Design,** in der es regelmäßig Kunstausstellungen gibt.

In unmittelbarer Nachbarschaft des Rathausgebäudes steht ein weiteres spektakuläres Doppelbauwerk des Architekten Alcino Soutinho: Die **Galeria Municipal,** die sich der zeitgenössischen Kunst widmet, und die **Biblioteca Municipal Florbela Espanca** erheben sich seit 2005 über einem fotogenen Wasserspiegel. Mit dem Jardim Basílio Teles genießen die Angestellten der Umgebung einen lauschigen Park für ihre Mittagspause in der Nähe (Casa do Design, Rua Alfredo Cunha, Mo–Fr 9–12.30, 14–17.30, Sa/So 15–18 Uhr, Eintritt frei; Galeria Municipal, Avenida D. Afonso Henriques, Öffnungszeiten s. Casa do Design, Eintritt frei).

VILA NOVA
DE GAIA

Grandiose Aussicht von der
Teleférico, die vom Jardim do Morro
zum Flussufer hinunterschwebt

Wenn der Blick von Portos Aussichtspunkten Richtung Fluss schweift, dann ist auch immer Vila Nova de Gaia Teil der Traumkulisse. Dass die »Schattenseite« des Douro-Ufers so besonders ist, liegt vor allem an den Portweinkellereien.

Nur ein paar Schritte – einmal über die Eisenbrücke D. Luis I. – und schon ist man nicht mehr in Porto, sondern im Nachbarkreis Vila Nova de Gaia. Mit über 300 000 Einwohnern ist der Ort noch größer als Porto und ist auch Teil der Metropolregion. Touristisch und wirtschaftlich lebt Gaia vor allem vom Portwein, der in den Caves am Südufer des Douro vor sich hin reift. Doch Gaia hat noch mehr zu bieten als Portweinproben und Weinboutiquen. Strände zum Beispiel – so weit das Auge reicht. Theoretisch kann man inzwischen bis in den 20 km entfernten Nachbarort Espinho immer an der Küste entlang radeln, Gaia hat viel in Fahrradwege investiert. Wer einen echten Fischerort kennenlernen möchte, muss gar nicht weit gehen oder fahren: São Pedro de Afurada, zwischen der Arrábidabrücke und dem Naturschutzgebiet im Mündungsdelta am südlichen Douro-Ufer gelegen, versprüht noch immer den Charme alter Tage, hier leben viele Menschen bis heute vom Fischfang, auch wenn mittlerweile die moderne Marina auch Wassersportler anlockt.

TOUREN IN VILA NOVA DA GAIA

TOUR 10

WO DER PORTWEIN SCHLUMMERT

VERLAUF: Mosteiro da Serra do Pilar › Jardim do Morro › Ribeira de Gaia › Mercado › Estaleiro do Rabelo › Capela Bom Jesus

KARTE: Seite 128

DAUER: ca. 1 Std. Gehzeit (mit Portweinproben entsprechend länger)
START: Ⓤ Jardim do Morro
ZIEL: Haltestelle Viterbo Campos (Buslinien 901, 906)
PRAKTISCHE HINWEISE:
• Manche Sehenswürdigkeiten haben montags geschlossen

Das historische Zentrum erstreckt sich über ein paar Gassen am Fuß der Serra do Pilar, der felsigen Erhebung am südlichen Douro-Ufer.

Zwischen dem wuchtigen Kloster auf diesem Hügel und dem Fluss schmiegen sich die Häuser an den Hang. Sie sind kaum auszumachen zwischen all den Portweinkellereien, die sich über die Jahrhunderte hier angesiedelt haben – wer den Blick von oben über die Dächer schweifen lässt, hat den Eindruck, dass hier auf jedem Quadratmeter Portwein lagert. Doch auch wenn die meisten Besucher hauptsächlich wegen des Weins nach Vila Nova de Gaia kommen, so gibt es zwischen all den Fässern mit edlem Portwein auch das eine oder andere zu sehen.

TOURSTART: MOSTEIRO DA SERRA DO PILAR 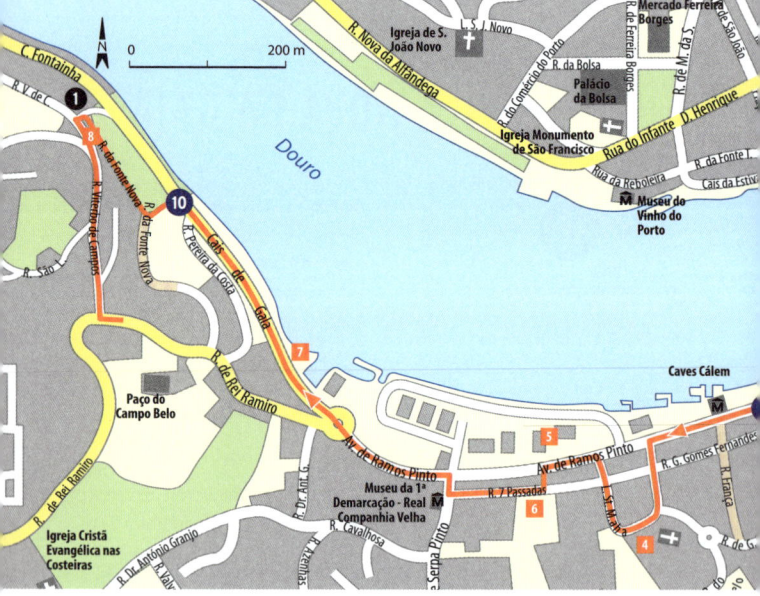 H/J6
Über den oberen Teil der Ponte Dom Luís I. gelangt man in wenigen Minuten vom Kathedralenhügel in der Innenstadt zu einem der spektakulärsten Aussichtspunkte auf Porto. Das einstige Augustinerkloster, an dem ab 1537 über 70 Jahre lang gebaut wurde, gehört zwar heute dem Artillerieregiment, die ungewöhnliche Rundkirche mit Gewölbedecke und Aussichtskuppel, der ebenfalls runde, in seiner Dimension einer Arena gleichende Kreuzgang sowie eine Ausstellung über Baudenkmäler im Norden Portugals können jedoch besichtigt werden.

Während der napoleonischen Kriege zogen hier übrigens die englischen Truppen des Generals Wellington ein, die den Portugiesen beim Kampf gegen die Franzosen halfen (Largo do Avis, Di–So 10 bis

17.30, im Sommer bis 18.30 Uhr, 2 €, mit Kuppelbesteigung 4 €).

JARDIM DO MORRO 2 📖 H6

Jenseits der Metrolinie erstreckt sich seit 1927 der halbrunde, aussichtsreiche Hügelpark. Mit seinem romantischen See, einem Terrassencafé und Panoramabänken ist er ein beliebter Treffpunkt für junge Leute, Familien und Karten spielende Senioren. Gleich nebenan befindet sich die Bergstation der Seilbahn hinunter zum etwa 60 m tiefer gelegenen Flussufer. Fünf Minuten dauert die Fahrt über die Dächer der Portweinkellereien hinweg (Teleférico de Gaia, www. gaiacablecar.com, Zwischensaison tgl. 10–19, 26. April–24. Sept. 10 bis 20 Uhr, 25. Okt.–23. März 10 bis 18 Uhr, einfache Fahrt: 6 €, hin und zurück 9 €).

RIBEIRA DE GAIA 3 📖 G/H6

Vorbei an **Portweinkellereien** › S. 130 und durch historische Gässchen gelangt man ans Flussufer. Hier liegen noch die alten *barcos rabelo*, die Holzboote für den Transport der Portweinfässer von den Anbaugebieten im Douro-Tal bis zu den Kellern von Gaia. In Zeiten von Lkws dienen sie heute in erster Linie als Fotomotiv und Werbefläche und einmal im Jahr als Regattaboote.

IGREJA DE SANTA MARINHA 4 📖 G6

Etwas zurückversetzt versteckt sich zwischen all den Weinlagern die

TOUREN IN VILA NOVA DA GAIA

TOUR ⑩

WO DER PORTWEIN SCHLUMMERT

1 Mosteiro da Serra do Pilar
2 Jardim do Morro
3 Ribeira de Gaia
4 Igreja de Santa Marinha
5 Mercado Municipal da Beira Rio
6 Convento Corpus Cristi
7 Estaleiro do Rabelo
8 Capela do Bom Jesus

PORTWEIN – EINE WISSENSCHAFT FÜR SICH 12

Was wäre Porto ohne Portwein? Wohl so was wie Jerez ohne Sherry oder die Mosel ohne Riesling. Doch wer genauer hinschaut, stellt fest: Die Trauben für den Portwein wachsen im Douro-Tal, 100 km flussaufwärts. Und die edlen Weine lagern in den Caves von Vila Nova de Gaia, auf der »Schattenseite« des Douro. Etikettenschwindel?! Immerhin hat das Portweininstitut, das den Anbau, die Verarbeitung und den Handel reglementiert und kontrolliert, seinen Sitz in Porto. Auch die Handelskammer residiert hier, deren Mitglieder größtenteils Portweinhändler sind, aber warum sind so viele von ihnen britisch-stämmig? Mit dem Abschluss des Methuen-Vertrags 1703 sicherten sich die Engländer die Handelsrechte für portugiesischen Wein, der auf der Insel immer beliebter wurde und die französischen Weine, die man wegen eines Schutzzollstreits mit Louis XIV. nicht mehr einführte, ablösten.

Durch die Verschiffung der Weine ins britische Empire wurde der Port-

![Der Portwein ist in Gaia allgegenwärtig – wie auch dieses Sandeman-Wandgemälde zeigt](image)

Der Portwein ist in Gaia allgegenwärtig – wie auch dieses Sandeman-Wandgemälde zeigt

wein sogar erst erfunden. Um das Umkippen der Weine zu verhindern, mischte man für die oft langen Schiffsreisen Branntwein hinzu, dieser stoppte den Gärungsprozess, während noch genügend Restzucker im Most war, der Alkoholgehalt stieg und plötzlich hatte man einen süßlichen Likörwein, der sich noch größerer Beliebtheit erfreute als der Trinkwein.

Inzwischen hat man die Verfahren so weit optimiert und verfeinert, dass keine Schiffsreisen mehr nötig sind, um hochwertigen Portwein zu produzieren – wohl aber die schattige Lagerung: der bernsteinfarbene Tawny schlummert in kleinen Fässern, um möglichst viel Holzkontakt zu haben, der rubinrote, fruchtige Ruby in riesigen Fässern, um so wenig wie möglich zu oxidieren. Dann gibt es noch die besonderen Jahrgangsports (vintage) – wenn das Portweininstitut einen Jahrgang für vintage-würdig befindet. Ganz groß im Trend sind gerade die weißen Portweine, sie eignen sich prima für Longdrinks und haben das »angestaubte« Image des britischen Seniorengetränks revolutioniert. Bei einer Führung durch eine der Kellereien erfährt man einige der Geheimnisse des Portweins – doch man wird auch sehr schnell feststellen, was für eine komplizierte Wissenschaft das ist.

Eines haben alle Ports gemein: Ihre Trauben stammen aus dem bereits 1756 abgesteckten Weinbaugebiet Alto Douro, das als zwei Jahrtausende alte Kulturlandschaft 2001 von der UNESCO als Welterbe

ausgezeichnet wurde. Nur Trauben, die auf den Schieferböden an den steilen Hängen des Rio Douro, Rio Corgo, Rio Pinhão und anderer Zuflüsse gereift sind, dürfen zu Port verarbeitet werden. Der dunkle Schiefer speichert die Wärme und gibt sie auch nachts noch an die Trauben ab – so erlangen diese ihre charakteristische Süße.

EINIGE DER KELLEREIEN IN VILA NOVA DE GAIA:

- **Burmester** ▌ H6
  Gleich hinter der Ponte Dom Luis I. gibt's die erste Kellerei: Nach der (deutschsprachigen) Führung dürfen Sie zwei Portweine probieren.
  Largo Dom Luis I. | Tel. 913288994
  https://burmester.pt/caves
  tgl. 10–19, im Winter bis 18.30 Uhr, 12 € (Führung mit 2 Weinen)

- **Taylor's** ▌ G6
  Ausführliche 2-stündige Führung mit (deutschsprachigem) Audioguide und anschaulichen Videoinstallationen durch das drei Jahrhunderte alte Traditionsunternehmens, anschließend Verkostung von zwei Portweinen. > mehr S. 16 Punkt ㉖
  Rua do Chopelo 250 | Tel. 223772973
  www.taylor.pt | tgl. 10–18 Uhr, 15 €

- **Sandeman** ▌ G6
  Das 1790 von einem Schotten gegründete Unternehmen trägt einen der berühmtesten Namen in der Portweinszene. Ein virtueller »Don« mit dem typischen schwarzen Umhang führt Sie durch die Kellerei.
  Largo Miguel Bombarda 47
  Tel. 223740534 | www.sandeman.com
  tgl. 10–20, im Winter 10–18 Uhr, 13 € (»Classic Visit«)

Riesenhase aus Müll des Street-Art-Künstlers Bordallo II nahe der Markthalle von Gaia

Pfarrkirche von Alt-Gaia. Mitte des 18. Jhs. war Nicolau Nasoni hier am Werk, er verwandelte die marode Vorgängerkirche in eine schmucke, helle Barockkirche (Largo de Santa Marinha, unregelmäßig geöffnet).

MERCADO MUNICIPAL DA BEIRA RIO 5 ▮ G6

Vorbei an einem aus Müll gefertigtem Riesenhasen, den der Street-Art-Künstlers Bordallo II › S. 58 an eine Hausecke drapierte, erreicht man die in frischen Rottönen glänzende Markthalle. 80 Jahre nach ihrer Eröffnung 1937 verwandelte sie sich in einen erfolgreichen Eventmarkt. Auf über 1000 m² locken nun nicht mehr nur die Obst-, Gemüse-, Blumen- und Fischverkäufer, sondern auch Genießerläden

und Food Court mit Schlemmerständen – Kulturprogramm inklusive › S. 40 (Avenida Ramos Pinto 148, https://mercadobeirario.pt, So–Mi 10–24, im Winter bis 23 Uhr, Do–Sa 10–2, im Winter bis 24 Uhr, Marktstände Mo–Sa 10–17, im Winter bis 16 Uhr).

CONVENTO CORPUS CRISTI 6 ▮ G6

Schon im 14. Jh. stand direkt am Flussufer ein Nonnenkloster für Dominikanerinnen. Nachdem es immer wieder von Überschwemmungen zerstört wurde, baute man im 17. Jh. das heutige Barockgebäude in etwas höherer Lage. Heute ist es ein städtisches Kulturzentrum, es gibt temporäre Ausstellungen und überraschende Einblicke in die

achteckige Kirche und den Chor-
raum. Dieser ist wundervoll mit
Schnitzarbeiten aus Walnussholz
sowie bunten Gemälden verziert
(Largo de Aljubarrota 13, Di–So
19–18 Uhr, Eintritt frei).

ESTALEIRO DO RABELO 7 ▮ F6

Am Cais de Gaia, wo die Restau-
rantzone endet, ist eine kleine Werft
zu sehen. Sie ist die letzte, in der die
typischen Rabelo-Boote gebaut,
repariert und für den Tourismus
adaptiert werden.

ZWISCHENSTOPP: RESTAURANT

Antiga Casa Zé da Guida 1 €€ ▮ E5

Am Fuß des Treppenviertels Castelo, direkt
neben dem Bildstock mit Christus am
Kreuz, verbirgt sich ein alteingesessenes
Lokal. Die Zeit scheint hier stehen geblieben zu sein. Wenn man draußen sitzt, kann
man bei bester Aussicht auf den Fluss und
das gegenüberliegende Ufer zuschauen,
wie der bestellte Fisch auf dem Holzkohlegrill brutzelt.
• Cais da Fontaínha 70 | Tel. 915701389
  So Abend und Mo geschl.

CAPELA DO BOM JESUS 8 ▮ E5

Mittelalterliche Gassen ziehen sich
hinauf bis zu dem nicht mehr zugänglichen Gelände der Burgruine
von Gaia. Nichtsdestotrotz lohnt
sich der Aufstieg – die Aussicht, vor
allem aus der Rua do Castelo ist
wirklich grandios. Dabei hat man
auch die kleine romanische Kapelle
etwas unterhalb im Blick, die wohl
schon auf einen suebischen Bischof
zurück geht und aus dem Frühmit-
telalter stammt (Rua Viterbo de
Campos, Kapelle nicht zugänglich).

TOUR 11

SÃO PEDRO DE AFURADA

VERLAUF: Fähre > Igreja de São
Pedro de Afurada > Lavadouro
Público > Capela de São Paio >
Estuário do Douro > Parque Urbano
de São Paio > Praia de Lavradores

KARTE: Seite 134
DAUER: ca. 1,5 Std. reine Gehzeit
(mit Besichtigungen entsprechend
länger)
START: Haltestelle Ouro (Linie 500)
ZIEL: Haltestelle Lavradores (Praia)
(Linie 902)
PRAKTISCHE HINWEISE:
• Eine schöne Möglichkeit, nach São
  Pedro de Afurada zu kommen, ist
  entweder mit dem Fahrrad über
  die Ponte Dom Luis I. oder mit der
  kleinen Fähre **Flor do Gás**, die am
  Cais do Ouro ablegt (Mo–Sa etwa
  von 6–21 Uhr, So ab 8 Uhr, etwa
  alle 15 Min., 3 €). Zurück kann man
  ab der Praia de Lavradores gut
  den Bus nehmen.

In der rund 3500 Einwohner zählen-
den Gemeinde São Pedro de Afurada kann man nicht nur hervorragend Fisch essen (in meist ziemlich
urigen Restaurants), man kann sich
wirklich auch ein gutes Bild davon
machen, wie sich das Leben zwischen Fischerbooten, Fischerknei-
pen und Fischerfesten abspielt. An
vielen Hauswänden hängen Fliesen-

bilder von Booten oder von Heiligen, die diese Boote beschützen sollen. Ende Juni wird dann der wichtigste Heilige gefeiert: Zur Festa de São Pedro strömen Menschen aus Nah und Fern ans Südufer des Douro, um den Dorfheiligen (und Schutzpatrons der Fischer) zu feiern. Das Meer ist nicht weit, ein schöner Spaziergang führt am Wasser entlang zu den ersten Atlantikstränden von Vila Nova de Gaia.

TOURSTART: RUA DA PRAIA

Schon die Fährüberfahrt auf der kleinen Douro-Fähre **Flor do Gás**

VON FOZ DO DOURO BIS MATOSINHOS

TOUR ⑪

SÃO PEDRO DE AFURADA

1 Statue des Heiligen Petrus
2 Igreja de São Pedro de Afurada
3 Centro Interpretativo do Património da Afurada
4 Lavadouro Público

5 Capela de São Paio
6 Estuário do Douro
7 Parque Urbano de São Paio
8 Miradouro do Estuário do Douro
9 Praia de Lavradores

ist ein Erlebnis. Nach der Anlandung in São Pedro de Afurada geht es zunächst nach links, von der Uferstraße aus lassen sich bereits die schmalen, oft im 1960er/70er-Jahre-Stil gefliesten Häuser der Fischer bewundern. Die ursprünglich 90 Häuser zählende Siedlung entstand offiziell Mitte des 19. Jhs., doch schon vorher hatten sich hier Fischerfamilien aus der Umgebung provisorisch niedergelassen. Eigentlich besteht Afurada bis heute nur aus drei Straßen und ein paar Quergassen, die sich diagonal vom Meer entfernen. Wo die Rua Vasco da Gama auf die Uferstraße trifft, versteckt sich unter den Bäumen eine **Statue des Heiligen Petrus** 1 📕 d2. Sie erinnert daran, dass sich hier einst die Kirche des Orts befand – bis eine Sturmflut sie im Dezember 1909 zerstörte. Der funktionale Ersatzbau, die heutige **Igreja de São Pedro de Afurada** 2 📕 d2, entstand 1955 nur ein paar Meter höher am östlichen Ortsrand.

ZWISCHENSTOPPS

Padaria 1° de Maio 2 € 📕 d2
Im Herzen von Afurada versorgt diese gelb leuchtende, mit blau-weißen Azulejokacheln verzierte Dorfbäckerei die Bewohner mit Brot und Kuchen. Sie ist auch ein idealer Ort für eine Kaffeepause mit leckeren Teilchen oder einem überbackenen Toast.
• Rua Agostinho Albano 68
   Mo–Sa 6–13 und 15–20, So 7–13 Uhr

Abrigo do Pescador 3 €–€€ 📕 d2
Der Name verspricht nicht zu viel: Hier finden Fischer Unterschlupf, und alle, die sich den frischen Fang des Tages vom Holzkohlegrill schmecken lassen möchten. Auch wenn der Speiseraum modernisiert ist – auf die lokal übliche Fischernetzdekoration wurde nicht verzichtet.
• Rua Agostinho Albano 102
   Mi–Mo 10.30–15 und 18.30–22.30 Uhr

CENTRO INTERPRETATIVO DO PATRIOMÓNIO DA AFURADA
3 📕 d3

Das Besucherzentrum von Afurado befasst sich mit Fischerei und was diese für das Dorf (bzw. auch für andere Dörfer dieser Art) bedeutet. Dabei werden verschiedene Blickwinkel beleuchtet, zum Beispiel auch die Rolle der Frauen, oder, wie eng die Fischerei mit dem Glauben und den Festen verbunden ist. Untergebracht ist die Ausstellung in alten Lagerhäusern, 2013 verwandelte man sie in dieses sehenswerte Museum (Rua António dos Santos 10, São Pedro da Afurada, www.parquebiologico.pt/cipa/o-centro-interpretativo, tgl. 10–12.30, 13.30–18 Uhr, Eintritt frei).

LAVADOURO PÚBLICO 4 📕 c3

Öffentliche Waschstellen entdeckt man in Portugal ja noch an vielen Ecken, doch selten sind sie so anwenderfreundlich modernisiert und gut besucht wie hier. Viele Frauen waschen ihre Wäsche (oder die sperrigen Teile) lieber in den steinernen Becken als zu Hause in der Waschmaschine, nicht zuletzt, weil sie dabei ein Schwätzchen mit der Nachbarin halten können. Seit den Renovierungsarbeiten ist der Waschplatz in dem nun überdachten und geschlossenen Gebäude auch im Winter gut geschützt. Nebenan im Atlantikwind trocknen die Tischdecken, Küchentücher, T-Shirts dann in Nullkommanix auf den abenteuerlich befestigten fotogenen Leinen. Während die Mütter sich um die Wäsche kümmern, können die Kinder auf den neben dem Waschhaus platzierten Spielplatz toben. Nach dem Waschen entspannen sich die *lavadeiras* dann bei einem Kaffee in der ebenfalls renovierten **Markthalle** schräg gegenüber.

CAPELA DE SÃO PAIO 5 ▮ c3

Ganz unscheinbar steht gegenüber der erst vor ein paar Jahren angelegten **Marina** eine kleine Kapelle am Hang. Sie stammt aus dem Jahr 1568. Im 18. Jh. erfuhr die Kapelle ein paar Veränderungen. Nachdem sie lange leer stand, kümmerten sich in den 1980er-Jahren die Irmãs Oblatas do Coração de Jesus um die Renovierung, bis heute wird die Kapelle auch von diesem Nonnenorden betreut. Geweiht ist sie dem Heiligen Pelágius, der im 10. Jh. in Spanien als christlicher Märtyrer starb und in der Kirche als moderne Terrakottafigur zu sehen ist (Rua Manuel Marques Gomes 145, geöffnet zu den Messen: Mo–Fr 16, Sa 17, So 10 Uhr).

ESTUÁRIO DO DOURO 6 ▮ b3

Im Mündungsbereich des Douro ist eine riesige Sandfläche mit niedriger Vegetation entstanden. Diese ist ein Paradies für Seevögel und Zugvögel und deshalb seit 2018 als Reserva Natural geschützt. Einige der rund 200 Vogelarten, die das 62 ha große Gebiet vor allem zur Nahrungsaufnahme und zum Brüten nutzen, lassen sich besonders am frühen Morgen und zum Sonnenuntergang beobachten. Ein hölzerner Steg führt zum Observatório, dem idealen Ort für Vogelbeobachtung. Außerhalb der offiziellen Wege sollte das Schutzgebiet nicht begangen werden. Über das gefiederte Leben und die zarte Flora im Naturreservat informiert das kleine Besucherzentrum (Avenida Deoceliano Monteiro, www.parquebiologico.pt/reserva-natural-local-do-estuario-do-douro, tgl. 10–17, im Sommer bis 18.30 Uhr).

PARQUE URBANO DE SÃO PAIO 7 ▮ a/b3/4

Holztreppenstege ziehen sich den bewaldeten Hügel hinauf – eine schöne (und schattige) Abwechslung zum Fahrrad- und Spazierweg am Ufer entlang. Hier entstand in den letzten Jahren unter Federführung des Landschaftsarchitekten Sidónio Pardal (der bereits den Parque da Cidade in Porto gestaltete) ein neuer städtischer Park. Ein Teil des Geländes gehörte einst zur **Seca do Bacalhau de Lavadores**, einer Fabrik, in der ab den 1940er-Jahren *bacalhau* getrocknet und verarbeitet wurde. Sogar eine eigene Kapelle bekamen die Arbeiter (bzw. die Arbeiterinnen – ein Großteil der Belegschaft bestand aus Frauen), damit sie während der Sonntagsschichten nicht bis zur Pfarrkirche von Canidelo laufen mussten. Die

Die im Lavadouro Público da Afurada gewaschene Wäsche trocknet nebenan am Douro-Ufer

Fabrik schloss in den 1990er-Jahren ihre Türen, doch die **Capela de São Pedro Lavradores** gibt es noch, ebenso wie den alten **Wasserturm** und ein paar übrig gebliebene Gebäude. Seit 2017 steigt auf dem einstigen Fabrikgelände das größte Musikfestival Nordportugals, »Marés Vivas«, zum Schrecken vieler Naturschützer – und Vögel des nahen Schutzgebiets.

ATLANTIKKÜSTE
Einen grandiosen Blick über das Naturreservat im Mündungsbereich des Douro und hinüber zur gegenüberliegenden Seite hat man vom **Miradouro do Estuário do Douro** 8 a3. Richtung Süden reiht sich nun kilometerlang ein Strand an den nächsten – mal mit mehr, mal mit weniger Granitfelsen dazwischen. Die erste Badegelegenheit bietet sich an der **Praia de Lavradores** 9 a5.

ZWISCHENSTOPP: CAFÉ
A Mar 4 € a5
In diesem Strandcafé wird nicht nur frische Atlantikluft geatmet, sondern auch Poesie und Literatur. Es gibt eine kleine Bibliothek, versonnene Verse stehen an den Glaswänden. Es geht um die Liebe und das Meer. Dazu einen kühlen White Porto oder einen frischen Salat – und schon geht die Liebe auch durch den Magen.
• Avenida Beira Mar 896 | Tel. 220992519 www.facebook.com/amarcafebar Mo–Sa 9–24, So bis 20 Uhr

AUSFLÜGE & EXTRA-TOUREN

Die Capela do Senhor da Pedra in Miramar steht hier wirklich wie ein Fels in der Brandung

AUSFLÜGE

IGREJA DA LAPA ▣

> **VERLAUF:** Haltestelle Avenida Alia-
> dos › Haltestelle Lapa (Kirche)
>
> **KARTE:** Seite 142
> **DAUER:** ca. 1/2 Std.
> **VERKEHRSMITTEL:** Bus Nr. 600

Die Igreja de Nossa Senhora da
Lapa liegt etwas abseits der wichtigsten Touristenrouten, dabei beherbergt sie einen besonderen
Schatz: Das Herz von König Dom
Pedro IV. ruht an einer Stelle im Bereich des eleganten Hauptaltars.

Gebaut wurde die Kirche im Stil
des Rokokos und Klassizismus ab
Mitte des 18. Jhs. im Auftrag der
1757 gegründeten Bruderschaft von
Lapa. Ihre Fertigstellung dauerte
über ein Jahrhundert. Zu dem Kom-
plex gehört auch das Krankenhaus
der Irmandade, ein Friedhof und
eine Grundschule. Warum aber vermachte König Pedro gerade dieser
Kirche sein wertvollstes Organ? Er
wollte sich erkenntlich gegenüber
der Stadt Porto zeigen, schließlich
verdankte er seinen Sieg im Bürgerkrieg gegen seinen absolutistischen
Bruder Miguel zum großen Teil der
Unterstützung der liberalen Portuenser. Diese Kirche schien ihm wohl
am geeignetsten, sein Herz gebüh-
rend aufzubewahren – auch wenn
normalsterbliche Kirchenbewohner
es natürlich nicht zu Gesicht be-

kommen. Dafür entschädigt jedoch
die prachtvolle Orgel, ein wahres
Meisterwerk. Sie wiegt 32 Tonnen
und gilt als eine der besten der iberischen Halbinsel. Erst 1995 wurde
sie in die Kirche gebaut. Die längste
Orgelpfeife ist aus Holz und misst
über 10 m Länge. Dementsprechend virtuos sind die Konzerte, die
in der Igreja da Lapa stattfinden
(Igreja da Lapa, Largo da Lapa 1,
Mo–Sa 8.30–12 und 14.30–19 Uhr).

CASA DA PRELADA ▣

> **VERLAUF:** Metrostation Trindade ›
> Haltestelle Hospital da Prelada
>
> **KARTE:** Seite 142
> **DAUER:** ca. 2 Std.
> **VERKEHRSMITTEL:** mit Metro bis
> Station Carolina Michaelis, dann Bus
> Nr. 602 nach Hospital da Prelada

Als die noble Familie Noronha e
Menezes Mitte des 18. Jh. die Casa
da Prelada errichten ließ – übrigens
nach Plänen des italienischen Architekten Nicolau Nasoni (z. B. auch
Torre dos Clérigos) – befand sich
das Anwesen noch weit vor den Toren der Stadt. Heute ist der Ortsteil
Ramalde längst eingemeindet, die
Quinta von urbanem Leben umgeben. Doch der Ausflug in den nördlichen Vorort lohnt sich, nicht
zuletzt für das größte Buchsbaumlabyrinth der iberischen Halbinsel.

Studenten der Universidade do Minho in Guimarães feiern feucht-fröhlich ihren Abschluss

Sogar noch älter als die Hauptgebäude der Quinta ist das Eingangsportal: Oben das aufwendig in Stein gemeißelte Wappen der Familie, rechts und links zwei Meerjungfrauen. Das Anwesen selbst ist inzwischen stark geschrumpft, der letzte Erbe der Familie Noronha e Menezes vermachte es 1904 der Sozialstiftung Santa Casa da Misericórdia, und so befindet sich auf einem großen Teil des Geländes heute das Hospital da Prelada, andere Teile wurden mit einem Campingplatz und Wohnhäusern bebaut. Dennoch bilden die Überbleibsel noch einen ordentlichen Grünfleck in der Landschaft, und dank der Santa Casa, die in dem einstigen Wohnhaus inzwischen ihr historisches Archiv untergebracht hat und in einem modernen Anbau Konferenzen und Veranstaltungen organisiert, konnte das Gebäude renoviert werden und erhalten bleiben.

Neben dem von riesigen Lindenbäumen, Kamelien und Rhododendren gesäumten Garten bietet das beeindruckende Buchsbaumlabyrinth, das von einer etwa 30 m hohen Araukarie überragt wird, tolle Fotomotive. Es sind auch noch Reste des einstigen Aquädukts zu sehen. Im Haus selbst gibt es altes Mobiliar, Dekorationen und Bilder, sie stammen allerdings nicht mehr von der Familie Noronha e Menezes, sondern wurden von der Santa Casa da Misericórdia hier aufgestellt. Der Lesesaal ist frei zugänglich (Rua dos Castelos 485, Tel. 225071230, www.scmp.pt/pt-pt/cultura/casa-da-prelada, Mo–Fr 9 bis 17 Uhr, Eintritt frei).

MIT DEM AUTO NACH GUIMARÃES, BRAGA, BARCELOS & VILA DO CONDE

VERLAUF: Porto › Guimarães › Braga › Barcelos › Vila do Conde

KARTE: Seite 142
DAUER: mind. 1 Tag, reine Fahrtzeit ca. 2,5 Std.
DISTANZEN: ca. 170 km
VERKEHRSMITTEL: Mietauto

Nördlich von Porto gibt es eine ganze Reihe besonderer und geschichtsträchtiger Städte zu besichtigen. Wer ein Mietauto hat, kann sich auf den Weg machen, einige von ihnen zu erkunden.

GUIMARÃES 3

Die von den grünen Weinbergen des Minho umgebene Kulturhauptstadt von 2012 gilt als »Wiege der Nation«, schließlich wurde in der Burg von Guimarães im 12. Jh. Afonso Henriques geboren, der große Krieger, der dank der von ihm voran getriebenen »Reconquista« zum ersten König Portugals wurde. Direkt neben der wappenförmigen Burganlage (tgl. 10–18 Uhr, 2 €) soll er in der spätromanischen Capela de São Miguel getauft worden sein. Unterhalb erhebt sich ein Palast im burgundischen Stil, in dem ab dem 15. Jh. die Adelsfamilie der Braganças lebte, bis sie 100 Jahre später nach Vila Viçosa umzog. Heute

kann der Paço dos Duques besichtigt werden (tgl. 10–18 Uhr, 5 €).

Herrlich ist ein Spaziergang durch die Gassen der Altstadt, vor allem rund um die Praça de Santiago und den Largo da Oliveira sehen Sie entzückende Fassaden. Beeindruckend ist auch die **Igreja Nossa Senhora da Oliveira,** die König João I. im späten 14. Jh. restaurieren und im gotischen Stil erweitern ließ. Im einstigen Kreuzgang, heute das Museu de Alberto Sampaio (Di–So 10–18 Uhr, 3 €), sind sakrale Kostbarkeiten und sogar eine Mantelrüstung von João I. aus der Schlacht von Aljubarrota zu sehen.

Mittelalterliche Gässchen in der Altstadt von Guimarães

RESTAURANT

Taberna Trovador €

Ein uriger Mix aus Tapasbar und Weinstube, gleich neben dem historischen Zentrum.
• Largo do Trovador 10 | Tel. 913205263
  Di. geschl.

INFO

Loja Interativa de Turismo
• Praça de Santiago
  www.guimaraesturismo.com

BRAGA 4

Die Distrikthauptstadt im Norden ist das katholische Zentrum des Landes, dementsprechend ein-drucksvolle Kirchen gibt es zu be-staunen – allen voran die älteste Kathedrale Portugals. Der einst ro-manische Bau stammt aus dem 11. Jh., wurde aber über die Jahr-hunderte stetig ausgebaut und ver-ändert. Viele Kirchen, Paläste und Herrenhäuser im Zentrum beka-men im 17. und 18. Jh. ein barockes Antlitz, die Wallfahrtskirche Bom Jesus do Monte entstand in dieser Zeit hoch auf einem Hügel etwa 5 km östlich des Ortszentrums. Sie gilt als die prächtigste des Landes. Pilger quälen sich eine spektakuläre Treppe hinauf, Touristen nehmen

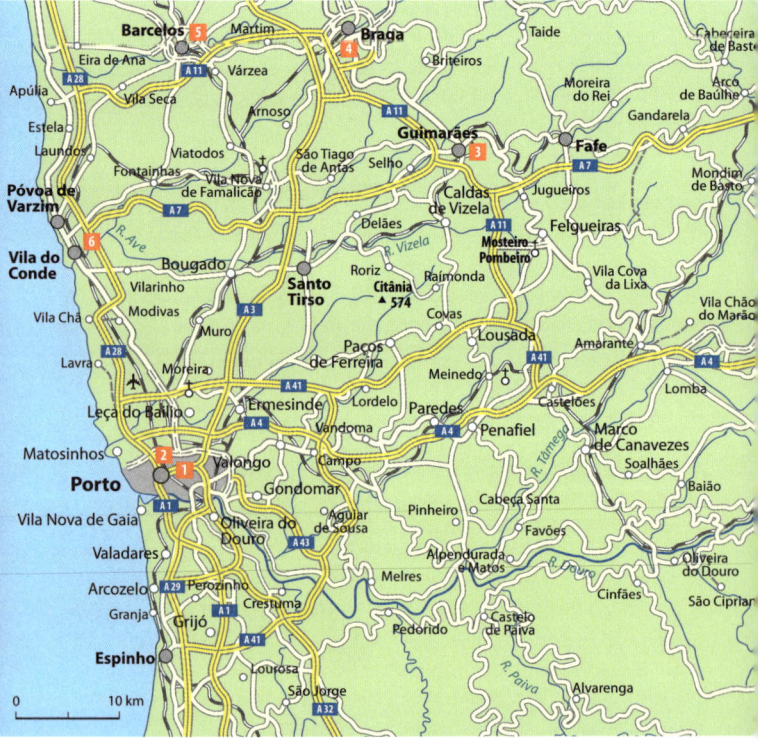

derweil die mit Wasserballast betriebene Seilbahn aus dem Jahr 1882.

CAFÉ

Vianna

Das altehrwürdigste Kaffeehaus der Stadt zelebriert seine Traditionen unter den Arkaden der Praça da República seit 1858. Mittags gibt es auch günstige Tagesgerichte.

• Tel. 253262336 | tgl. 9–24, Fr–Sa bis 2 Uhr

BARCELOS 5

Etwa 20 km östlich von Braga liegt am Rio Cávado das für seine Töp-

ferarbeiten und für seinen »Hahn von Barcelos« bekannte Städtchen Barcelos. Vom mittelalterlichen Turm im Herzen der Altstadt hat man einen tollen Überblick. Mehrere Kirchen erheben sich im Zentrum, darunter die im 13. Jh. gebaute Igreja Matriz, der barocke Templo Bom Jesus und die mit Azuejos geschmückte Benediktinerkirche Nossa Senhora do Terço am Rand des riesigen Campo da República. Donnerstags findet hier einer der größten Wochenmärkte des Landes statt.

VILA DO CONDE 6

In Vila do Conde – der Stadt des Grafen – erreichen Sie das Meer. Die hübsche Stadt wird dominiert vom imposanten Klarissenkloster Santa Clara, das ab 1318 an der Stelle entstand, an der sich zu römischen Zeiten ein Kastell und später die Burg des Grafen befand. Im 18. Jh. erhielt die Klosterkirche üppige barocke Ausschmückungen, gleichzeitig baute man ein 7 km langes Aquädukt, um über 999 Bögen Wasser aus den Bergen bei Póvoa de Varzim zum Klosterbrunnen zu leiten. An der Uferfront erheben sich zwei Kapellen: Die Capela de Nossa Senhora do Socorro an der Mündung des Rio Ave mutet mit ihren weißen Kuppeln und den schönen Azulejos aus dem 18. Jh. fast etwas arabisch an, die Capela de Nossa Senhora da Guia leistet den Seefahrern und Fischern Beistand auf dem Meer. Sie existierte wohl schon im 10. Jh. und diente bereits der Verteidigung der Stadt.

MIT DEM ZUG INS DOURO-TAL

VERLAUF: Porto Campanhã › Peso da Régua › Pinhão › Porto Campanhã

KARTE: Seite 142
DAUER: 1 Tag
VERKEHRSMITTEL:
- Züge der CP (Comboios de Portugal, www.cp.pt), die Fahrt bis Peso da Régua dauert knapp 2 Std., einfach 10 €. Ideal wäre eine Abfahrt um 7.25 Uhr ab Porto Campanhã, von Régua nach Pinhão fahren Züge um 11.12 oder um 15.12 Uhr, der letzte Zug zurück verlässt Pinhão um 18.19 Uhr; einstündige Bootsausflüge ab Pinhão: z. B. über Magnifico Douro (10 €, Abfahrten zur vollen Stunde, https://magnificodouro.pt).
- Alternativ gibt es organisierte Bootsausflüge oder kombinierte Boot- und Zugausflüge von Porto nach Régua bzw. Pinhão (z. B. https://tomazdodouro.pt), die Bootsfahrt dauert wegen den Schleusen jedoch relativ lange.

PRAKTISCHE INFORMATIONEN:
- Museu do Douro in Peso da Régua www.museudodouro.pt, tgl. 10–18, im Winter bis 17.30 Uhr, 6 €.

Sie haben Porto erkundet, in Vila Nova de Gaia Portwein probiert und in Foz do Douro die Mündung des Douro in den Atlantik bewundert? Dann möchten Sie jetzt vielleicht auch sehen, durch welche herrlichen Landschaften der Douro 100 km weiter oben fließt und wo die Trauben für den Portwein wachsen. Auf ins Douro-Tal! Wer nicht mit dem Auto unterwegs ist und keinen Tagesausflug mit einem Schiff bucht (s. o.), nimmt am besten den Zug: So lassen sich unterwegs bereits viele Eindrücke von den Ortschaften im Hinterland Portos und den Dörfern im Portweinanbaugebiet gewinnen. In Peso da Régua und Pinhão gibt es die besten Möglichkeiten, die steilen Weinhänge des etwa 26.000 Hektar großen, 2001 von der UNESCO zum Welterbe erklärten Weinbaugebiets »Alto Douro« zu bestaunen.

Heute lohnt es sich, früh aufzustehen, um mit dem ersten InterRegional-Zug Porto zu verlassen. Erst ab Pala verläuft die Bahnstrecke wieder am Douro entlang, vorher macht sie bei Ermesinde und Penafiel zwei Bögen nach Norden und überquert bei Marco de Canaveses den Rio Tâmega. Richtig im Portweinanbaugebiet sind Sie erst ab Mesão Frio, nahe der Haltestelle Rede. Eine Station später ist bereits **Peso da Régua** 7 erreicht. Hier lohnt es sich, den Zug für einen Zwischenstopp zu verlassen. Nach einem Spaziergang durch den Ort, bei dem man über die heute als Fußgängerbrücke genutzte ehemalige Eisenbahnbrücke geht und auch einen Abstecher auf die Südseite des Douro machen kann, sollten Sie dem **Museu do Douro** einen Besuch abstatten. Das moderne Museum beschäftigt sich ausführlich mit dem Fluss im Laufe der Jahreszeiten. Er spielt maßgebend eine der

Azulejos über den Weinbau schmücken den Bahnhof in Pinhão

Hauptrollen im Portweinspektakel, schließlich hat er die Täler geschaffen, an deren steilen Hängen heute der Portwein wächst. Seit Mitte des 18. Jh. ist dieses Anbaugebiet eine anerkannte Weinregion, die Schieferböden, das Mikroklima in den tief eingeschnittenen Tälern und die Transportmöglichkeiten über den Fluss haben den Weinanbau erst möglich gemacht. Über die Jahrhunderte schufen die Menschen unzählige Terrassen, auch ihnen setzt das Museum eine Hommage. Natürlich darf auch eine weitere Weinprobe nicht fehlen, und dann geht es zurück zum Bahnhof, um noch tiefer ins Anbaugebiet hineinzufahren.

Pinhão **8** gehört zum Herzstück der hier als »Cima-Corgo« (oberhalb des Corgo-Zuflusses) bezeichneten Region. Die Hänge sind noch steiler und höher, die Landschaft noch spektakulärer. Schon der Bahnhof von Pinhão ist eine Pracht: 24 blau-weiße Azulejobilder erzählen Geschichten aus dem Weinbau und Weintransport. Nahe der Stelle, an der der Rio Pinhão in den Douro mündet, finden Sie mehrere Einkehrmöglichkeiten für eine idyllische Mittagspause.

RESTAURANT

Taberna do Rio €€
Zu den schmackhaften Gerichten werden in der gemütlichen Taverne natürlich beste Douro-Weine serviert.
• Rua da Praia | Pinhão |Tel. 254738354

Am Ufer unterhalb des Bahnhofs legen Ausflugsboote ab, die den Douro noch ein bisschen höher hinauffahren – zu manchen Weingütern kommt man teilweise wirklich nur noch per Schiff, oder über riesige Umwege über die Berge. Vielleicht haben Sie nach dem Bootsausflug noch Zeit für eine Weinprobe in Pinhão, aber verpassen Sie nicht den letzten Zug zurück nach Porto am späten Nachmittag.

EXTRA-TOUREN

EIN WOCHENENDE IN PORTO

> **VERLAUF:** Baixa › Batalha › Bairro da Sé › Ribeira › Vila Nova de Gaia (Portweinkellerei) › 6-Brücken-Tour (Bootsfahrt über den Douro) › Miragaia › Virtudes › Praça Carlos Alberto
>
> **KARTE:** Faltkarte
> **DAUER & DISTANZ:** 2 Tage, rund 12 km Fußwege
> **VERKEHRSMITTEL:** Wenn Sie nicht direkt im Zentrum wohnen und auf Metro, Bus oder Straßenbahn angewiesen sind, empfiehlt sich die Andante-Karte der Verkehrsbetriebe. Darauf können Sie z. B. ein 24-Stunden-Ticket oder ein 48-Stunden-Ticket laden, oder die jeweiligen Einzelfahrkarten. Für das Programm des 2. Tages brauchen Sie auf jeden Fall ein Ticket.
> **PRAKTISCHE HINWEISE:**
> • Um einen guten Eindruck von Porto zu bekommen, brauchen Sie zwei volle Tage. Ideal wäre daher eine Anreise am Freitag und die Rückreise am Montag.

1. TAG: Wer mag, kann sich am Freitagabend ins Ausgehviertel zu Füßen der Torre dos Clérigos begeben: In den **Galerias de Paris** › S. 85 und den umliegenden Straßen der Baixa locken zahlreiche Lokale, sowohl zum Essen als auch für ein paar kühle Drinks.

2. TAG: Heute Vormittag schauen Sie sich das Viertel nochmal im Hellen an: Um von der **Torre dos Clérigos** › S. 85 den besten Überblick über Porto zu gewinnen, heißt es erstmal Treppensteigen. Auch in die von Nicolau Nasoni reich verzierte Klerikerkirche selbst sollten Sie einen Blick werfen, ebenso wie in die direkt nebeneinander stehenden **Igreja do Carmo und Igreja dos Carmelitas** › S. 89. Nach all den Kirchen locken nun die Bücher der herrlich dekorierten **Livraria Lello** › S. 89 – einer der schönsten Buchläden der Welt. Dann geht es hinunter zur **Avenida dos Aliados** › S. 65, Portos Prachtallee, die von dem opulenten Rathausgebäude überragt wird. Von hier sind es nur ein paar Schritte zur frisch renovierten Markthalle **Mercado do Bolhão** › S. 72, in der es nicht nur Obst, Gemüse, Fisch und Blumen gibt, sondern auch Cafés mit köstlichen Snacks für zwischendurch. Über die Einkaufsstraße **Rua Santa Catarina** › S. 70 und über die **Praça da Batalha** › S. 69 geht es zur prunkvoll mit Blattgold verzierten **Igreja de Santa Clara** › S. 73 und weiter zur mächtigen **Kathedrale** von Porto › S. 74. Durch die Gassen des Kathedralenviertels spazieren Sie nun hinunter in die **Ribeira** › S. 80, wo am Douro-Ufer unzählige Lokale zur Mittagspause einladen.

Gut gestärkt überqueren Sie nun die Eisenbrücke **Ponte D. Luis I.** › S. 80, um in einer der Portweinkellereien von **Vila Nova de Gaia** › S. 126 den berühmten Portwein zu probieren.

Gelaufen sind Sie jetzt erstmal genug, entspannen Sie sich bei der **6-Brücken-Tour** › S. 83, 148 über den Douro. Danach spazieren Sie am Flussufer entlang bis **Miragaia** › S. 92 und durch den **Parque das Virtudes** › S. 94 hinauf zum **Passeio das Virtudes** › S. 95 – dem perfekten Ort, um den Sonnenuntergang über dem Douro zu genießen. Zum Abendessen empfiehlt sich eines der Lokale an der **Praça de Carlos Alberto** › S. 91.

3. TAG: Los geht's am prachtvoll mit Azulejos geschmückten **São-Bento-Bahnhof** › S. 68. Über die bunte **Rua das Flores** › S. 79 mit all ihren Lädchen und Lokalen erreichen Sie den **Börsenpalast** (Palácio de Bolsa) › S. 78. Nach einer Führung durch die kunstvollen Säle der Handelskammer haben Sie noch nicht genug von üppiger Dekoration? Dann besuchen Sie die über und über vergoldete **Igreja de São Francisco** › S. 77, bevor Sie die Straßenbahn nach **Foz do Douro** › S. 111 nehmen. Der lauschige **Jardim do Passeio Alegre** › S. 116 ist ideal für eine Mittagspause.

Immer am Wasser entlang spazieren Sie nun über die Meerespromenade bis zum **Castelo do Queijo** › S. 117. Wer weiß, vielleicht erlaubt das Wetter

Reizvoller Meerblick vom Castelo do Queijo (Käseburg)

unterwegs ja sogar einen Sprung in den kalten Atlantik. Nahe der »Käseburg« nehmen Sie nun den Bus zurück Richtung Innenstadt. An der Rotunda da Boavista steigen Sie aus, um das futuristische Konzerthaus **Casa da Música** › S. 106 zu bewundern – und im Idealfall sogar ein Konzert zu besuchen. In der Event- und Gastronomiemarkthalle **Mercado do Bom Sucesso** › S. 105 können Sie prima Abendessen und einen Abschiedscocktail aus Portwein und Waldfrüchten schlürfen.

6-BRÜCKEN-TOUR

> **VERLAUF:** Cais da Ribeira › Ponte Dom Luis I. › Ponte do Infante › Ponte Maria Pia › Ponte de São João › Ponte do Freixo › Ponte de Arrábida

KARTE: Faltkarte
DAUER: 50–60 Min.
PRAKTISCHE HINWEISE:
- Die Boote legen i. d. R. nahe der Praça da Ribeira und am Cais da Estiva ab, einige Veranstalter auch am gegenüberliegenden Ufer in Vila Nova de Gaia.
- Tickets: an den Verkaufsständen am Ufer, 15 €

Vom **Cais da Ribeira** › S. 81 legen die Ausflugsboote ab, mit denen man in einer knappen Stunde herrliche Ausblicke auf die Ufer von Porto und Vila de Gaia bekommt, alle sechs Douro-Brücken kennenlernt und sogar einen Blick auf den Atlantik erhascht. Das Boot fährt zunächst flussaufwärts unter der bekanntesten und meistfotografierten aller Brücken hindurch – die **Ponte Dom Luis I.** › S. 80 ist einfach eines der schönsten Wahrzeichen Portos. Seit sie auf ihrer oberen Fahrbahn für den Autoverkehr gesperrt wurde (dort verläuft nun die Metro), ersetzt die 2003 eingeweihte, 280 m lange Stabbogenbrücke Ponte do Infante die Verbindung.

Die nächste Brücke diente dem Verkehr auf Schienen. Die **Ponte Maria Pia** war das erste Bauwerk Gustave Eiffels in Portugal – und ohne Zweifel das bedeutendste. 150 Arbeiter schufen aus Walzstahl ein Meisterwerk. Die 640 t schwere Bogenkonstruktion hält in 60 m Höhe eine über 350 m lange Bahntrasse. Man weihte sie 1877 erst ein, nachdem sie testweise mit 1500 t belastet wurde – nun traute man sich, mit Zügen hinüberzufahren. Leider nur bis 1991, denn für den heutigen Schienenverkehr war es nun wohl doch zu viel Belastung. Seitdem rollen die Züge zweigleisig über die moderne

In der Ribeira starten die Ausflugsboote für die 6-Brücken-Tour über den Douro

Ponte de São João gleich nebenan – die alte Eiffelbrücke dient nur noch als Fotomotiv. Wie schön wäre es, sie zumindest als Fußgänger- und Fahrrad- brücke zugänglich zu machen.

Kurz vor der 1993 eingeweihten achtspurigen Autobahnbrücke Ponte do Freixo dreht das Boot ab, hier im Ortsteil Freixo ist die Stadt Porto zu Ende. Nun geht es flussabwärts, die neue Perspektive eröffnet wieder ganz neue Aussichten. Das mächtige **Mosteiro da Serra do Pilar** › S. 128 fällt ins Auge, auch der Blick auf die bunte Ribeira ist vom Wasser aus besonders schön. Vorbei am Zollgebäude **Alfândega** › S. 92 und an der Kirche von **Massare- los** › S. 98 mit ihrem blauen Fliesenpaneel nähert sich das Boot der **Ponte de Arrábida** › mehr S. 12 Punkt ❶ Als die Autobahnbrücke 1963 eingeweiht wurde, war sie mit 270 m Spannweite die größte Stahlbeton-Bogenbrücke der Welt. Damals gab es auch noch Rad- und Gehwege über die fast 500 m lange Konstruktion, wegen des zunehmenden Verkehrs wurden sie zu wei- teren Fahrbahnen umfunktioniert. Abgesehen davon war vielen die 70 m hohe Brücke schlicht zu unheimlich und der Zugang durch die Aufzüge in den Türmen neben den Brückenbögen zu aufwendig – da war die Fähre unkomplizierter. Die Ponte de Arrábida war übrigens die erste bedeutende Douro-Brücke, die vollständig von portugiesischen Ingenieuren geplant wurde, Architekt war Edgar Cardoso.

Kurz bevor das Boot im Mündungsbereich des Douro umdreht, sieht man auf der Portuenser Seite die Grünanlagen von **Foz do Douro** › S. 111 und auf der Südseite das authentische Fischerdorf **São Pedro de Afurada** › S. 133. Nun geht es zurück zur Anlegestelle am Cais da Ribeira.

FAHRRADTOUR ZUM STRAND

VERLAUF: Ponte Dom Luis I. › Ouro › (Fähre) › São Pedro de Afurada › Estuário do Douro › Praia de Lavadores › Praia do Senhor da Pedra › Vila Nova de Gaia

KARTE: Faltkarte
DAUER: mit Zeit zum Baden etwa 1 Tag
DISTANZEN: insgesamt (hin und zurück) knapp 30 km
VERKEHRSMITTEL: Die kleine Fähre »Flor do Gás« der Linie Barca pendelt tgl. 10–18 Uhr etwa alle 15 Min. zwischen Cais do Ouro und São Pedro de Afurada (3 €)
PRAKTISCHE HINWEISE:
• Gute Fahrräder kann man z.B. bei Velurb mieten (Mo–Sa 9.30–19.30 Uhr, Rua Fernandes Tomás 259 oder Rua de Cedofeita 451, ab 12 €/Tag)

Start der Fahrradtour ist in der Ribeira, nahe der Ponte Dom Luis I. Zunächst geht es am Nordufer des Douro entlang Richtung Westen. Auch wenn es hier keinen Fahrradweg gibt, kann man gut die Uferstraße entlang radeln. Sie passieren die Viertel Miragaia und Massarelos und fahren unter der Ponte de Arrábida hindurch. Kurz darauf nehmen Sie am Cais do Ouro die Fähre nach **São Pedro de Afurada.** Nach einem kurzen Besuch dieses pittoresken Fischerdorfs › S. 133 geht es nun am Südufer des Douro entlang, vorbei am Naturreservat **Estuário do Douro,** dem Mündungsbereich des Flusses. Der Fahrradweg macht kurz darauf einen Schlenker Richtung Süden – und schon sind Sie am Atlantik. Die kleinen Strandbuchten werden immer wieder von Felsen unterbrochen, die Landschaft ist rau, aber schön. Links des Radwegs erstrecken sich die Strandvororte Vila Nova de Gaia, zahlreiche Strandbars locken zur Rast. Mit etwas Glück haben Sie Rückenwind, und so geht es flott die Küste entlang bis nach **Miramar.**

Theoretisch könnte man sogar noch weiter radeln bis in das für sein Casino und sein Schachbrettmuster berühmtes Strandstädtchen Espinho, doch mit der **Praia do Senhor da Pedra** haben Sie bereits ein schönes Ziel erreicht: Äußerst fotogen präsentiert sich auf einem von hellem Strand umgebenen Felsen die Kapelle zu Ehren des »Herren vom Fels«. Die sechseckige, barocke **Capela do Senhor da Pedra** stammt in ihrer heutigen Form wohl aus dem Jahr 1763, auch wenn eine Flieseninschrift aus dem Jahr 1686 zu sehen ist. Schon in frühchristlichen Zeiten sollen hier kultische Riten stattgefunden haben. Die Legende sagt, dass eine Christusfigur eines Tages vom

Meer angespült wurde und auf dem Felsen stehen blieb. Zum Schutz für diese Figur errichtete man später eine Kapelle. Ist das Meer im Winter besonders wild, spritzt die Gischt rund um die Felsen – ein Fest für Fotografen. Apropos Fest: Zum Dreifaltigkeitssonntag (eine Woche nach Pfingsten) ist die Kapelle das Ziel vieler Wallfahrer, die den Besuch beim Senhor da Pedra gerne mit einem Ausflug zum Strand verbinden. Auch für Sie ist nun erstmal eine ausführliche Badepause angesagt. Wenn sich der Hunger meldet, ist in Strandnähe bestens für eine Mittagseinkehr gesorgt.

RESTAURANT
Solar do Senhor da Pedra €–€€
Traditionelle portugiesische Küche mit fairem Preis-Leistungsverhältnis.
• Alameda do Senhor da Pedra 11 | Tel. 227622526 | Mi–Mo 12–22, Di 12–15 Uhr

Gut gestärkt geht es nun zurück Richtung Norden. In São Pedro de Afurada nehmen Sie nun jedoch nicht die Fähre, sondern fahren weiter am Douro-Ufer entlang bis in den historischen Teil von **Vila Nova de Gaia.** Nach so einer Fahrradtour schmeckt ein Portwein zur Belohnung schließlich besonders gut. Von den Portweinkellereien ist es nun nur noch ein Katzensprung über die Ponte Dom Luis I. hinüber nach Porto.

Trotz viel Auf und Ab in Porto schrecken manche vorm Radfahren nicht zurück

INFOS VON A–Z

ÄRZTE & APOTHEKEN

Auch wenn man innerhalb der EU mit seiner Versicherungskarte in die öffentlichen Krankenhäuser gehen kann, empfiehlt es sich dennoch, eine Auslandsreisekrankenversicherung abzuschließen.

In den Privatkliniken (in denen es meistens schneller geht als im staatlichen Gesundheitssystem) tritt man zunächst in Vorleistung, mit den entsprechenden Quittungen erstattet die Versicherung den Betrag dann zuhause zurück. Die meisten Ärzte sprechen auch Englisch.

Apotheken erkennt man am grün leuchtenden Kreuz, sie sind i. d. R. Mo–Sa 9–20 Uhr geöffnet.

BARRIEREFREIES REISEN

Das hügelige Porto kann mit seinen Gässchen, schmalen Bürgersteigen und unregelmäßigen Pflastersteinen eine Herausforderung für Menschen mit Behinderung (vor allem im Rollstuhl) darstellen, auch wenn inzwischen viele modernere Hotels und Museen barrierefrei sind.

Auskünfte und Hilfestellungen bietet Accessible Portugal (www.accessibleportugal.com).

DIPLOMATISCHE VERTRETUNGEN

- **Honorarkonsul Deutschland**
Avenida Sidónio Pais 379,
4100-468 Porto, Tel. +351226108122,
https://lissabon.diplo.de, Mo–Fr
9–12 Uhr (nur nach Terminvereinbarung)
- **Österreichische Botschaft**
Avenida Infante Santo 43, 4. Stock,
1399-046 Lisboa, Tel. +351213943900,
www.bmeia.gv.at, Mo–Fr 10–12,
Mi auch 14–16 Uhr
- **Schweizerische Botschaft**
Travessa do Jardim 17, 1350-185 Lisboa,
Tel. +351213944090, www.eda.admin.ch/lisbon, Mo–Fr 9–12 Uhr

ELEKTRIZITÄT

Für Portugal sind keine Adapter notwendig, die Netzspannung beträgt 220 Volt.

FEIERTAGE

- 1. Januar: Neujahr (Ano Novo)
- Karnevalsdienstag (Carnaval)
- Karfreitag (Sexta-Feira Santa)
- Ostersonntag (Páscoa)
- 25. April: Tag der Nelkenrevolution (25 de Abril 1974)

📢 GUT ZU WISSEN

- **Porto Card:** Wer vorhat, mehrere Museen und Sehenswürdigkeiten zu besichtigen, könnte die vom Tourismusamt herausgegebene Porto Card kaufen. Für sechs Museen gewährt sie sogar freien Eintritt, manche Restaurants und Portweinkellereien bieten Rabatte. Gegen einen Aufschlag ist auch die Nutzung der Busse, Metro und städtischen Zügen inbegriffen. Sie gilt für ein (6 €, mit Nahverkehr 13 €), zwei (10 €, mit Nahverkehr 20 €) drei (13 €, mit Nahverkehr 24,99 €) oder vier Tage (15 €, mit Nahverkehr 33 €) und kann bei den Tourismusbüros, an den Ticketschaltern der Bahnhöfe oder online gekauft werden (http://short.visitporto.travel/portocard).
- **Freier Eintritt in städtische Museen:** Am Wochenende kann man die von der Stadt Porto verwalteten Museen gratis besuchen (www.cm-porto.pt/cultura/museus-e-arquivos).

Nicht nur in der Johannisnacht wird in den Galerias de Paris gefeiert

- 1. Mai (Dia do Trabalhador)
- Pfingstsonntag (Pentecostes)
- 10. Juni (Dia de Portugal/
  Dia de Camões)
- 24. Juni: São João
- 15. August: Maria Himmelfahrt
  (Assunção da Virgem Maria)
- 5. Oktober: Tag der Republik
  (Implantação da República)
- 1. November: Allerheiligen
  (Todos os Santos)
- 1. Dezember: Unabhängigkeitstag
  von Spanien 1640 (Restauração da
  Independência)
- 8. Dezember: Maria Empfängnis
  (Imaculada Conceição)
- 25. Dezember: Weihnachten (Natal)

GELD

Bezahlt wird mit Euro. Kartenzahlungen sind in kleineren Geschäften oft erst ab 5 € möglich. Bankautomaten *(multibanco)* sind weit verbreitet, man kann täglich zweimal 200 € abheben, an den Automa-

ten der Firma Euronet Worldwide gibt es keine Beschränkungen.

INFORMATIONEN

Das Hauptbüro der Touristeninformation befindet sich neben dem Rathaus (Rua Clube dos Fenianos 25, Tel. 223393472, tgl. 9–20, im Winter bis 19 Uhr), weitere Filialen finden Sie am Flughafen, neben der Kathedrale (Torre Medieval) oder nahe der Ribeira (Rua do Infante Dom Henrique 63).

Das interaktive Porto Welcome Center ist gegenüber des São-Bento-Bahnhofs (Praçeta Almeida Garret 27, tgl. 10–20, im Winter 10–19 und am Wochenende bis 17 Uhr).

Die offizielle Seite des städtischen Tourismusamts lautet www.visitporto.travel (inkl. Chat-Funktion). Weitere Infos finden Sie unter www.porto.pt (Stadtverwaltung) oder www.timeout.pt/porto (Veranstaltungsmagazin mit Restaurantkritiken und Infos zu den Sehenswürdigkeiten).

NOTRUF
Tel. 112

ÖFFENTLICHE VERKEHRSMITTEL
In Porto kann man sich bestens per Metro, Bus und Straßenbahn bewegen. Für die Nutzung der Metro und der Stadtbusse empfiehlt sich die wiederaufladbare **Andante-Karte** *(Cartão Andante)*, bei der nicht wieder aufladbaren 24-Std.-Karte Andante 24 ist auch die Fahrt vom Flughafen in die Stadt (Zone 4) inbegriffen. Nähere Infos > S. 27 (Reiseplanung).

ÖFFNUNGSZEITEN
Viele **Geschäfte** sind Mo–Fr 10–19 Uhr geöffnet, kleinere Boutiquen machen mittags etwa eine Stunde Mittagspause. In den Supermärkten kann man auch sonntags und abends oft bis 21 Uhr einkaufen, in den Shoppingcentern sind die Läden oft täglich bis 23 Uhr offen.

Postfilialen öffnen i. d. R. Mo–Fr 9 bis 18 Uhr, die Hauptpost (Praça General Humberto Delgado) auch samstags. **Banken** schließen um 15 Uhr.

Einige **Museen** sind montags geschlossen, viele der kleineren schließen über Mittag. Manche Öffnungszeiten richten sich nach der Jahreszeit, im Sommer sind die Sehenswürdigkeiten i. d. R. länger geöffnet.

SICHERHEIT
Portugal ist ein verhältnismäßig sicheres Reiseland, das bisher von Terroranschlägen verschont blieb. Vor Taschendieben schützt man sich am besten, indem man seinen Rucksack im Gedrängel (z. B. in der Markthalle oder in der Straßenbahn) nach vorne nimmt und möglichst keine Wertsachen mit sich trägt.

Sollten Sie doch ausgeraubt werden, wenden Sie sich an die nächste PSP (Policia de Segurança Pública), z. B. neben dem Rathaus (Rua Clube dos Fenianos 11, Tel. 222081833).

TELEFON
Die portugiesische Vorwahl lautet 00351, Handynummern beginnen mit 9, Festnetznummern mit 2, nach Deutschland lautet die Vorwahl 0049, nach Österreich 0043 und in die Schweiz 0041.

Es gibt noch immer ein paar wenige Münztelefone.

TRINKGELD
In Restaurants ist ein Trinkgeld von 5 % (in Nobellokalen auch 10 %) gern gesehen, wenn Sie nur einen Kaffee an der Theke trinken, erwartet man kein Trinkgeld.

Das Zimmermädchen im Hotel freut sich über einen Euro pro Nacht, der Gepäckträger über einen Euro pro Gepäckstück.

ZEIT
Es gilt die WEZ, es ist also immer eine Stunde weniger als in Deutschland, Österreich oder der Schweiz.

ZOLL
EU-Bürger dürfen Waren für den persönlichen Bedarf zollfrei ein- und ausführen. Für Schweizer zollfrei sind Waren bis zum Gesamtwert von 300 CHF, zusätzlich 200 Zigaretten oder 50 Zigarren, 1 l Spirituosen über 15 % oder 2 l unter 15 % und 2 l Wein.

💬 URLAUBSKASSE

• Café (Espresso)	0,70 €
• Fino (gezapftes Bier):	1–2 €
• Gelado (Eis, 2 Kugeln):	3 €
• Francesinha (Toastgericht):	8 €
• Sopa do dia (Tagessuppe):	2 €
• Taxifahrt (tagsüber, innerhalb des Zentrums):	6–10 €
• Straßenbahnfahrt:	3,50 €

REGISTER

BILDNACHWEIS

Coverfoto: Street-Art in Vila Nova de Gaia, Porto © Marco Bottigelli/awl-images.com
Fotos Umschlagrückseite: Getty Images/iStockphoto (links); mauritius images/Strohbach, Felix (Mitte); Shutterstock/Schonbaum, Petr (rechts)

Adobe Stock/matousekfoto: 100; Adobe Stock/radiokafka: 18; Adobe Stock/saiko3p: 97; Adobe Stock/Vector: 141; Adobe Stock/whitelook: 20–21; AWL Images/Jaynes Gallery: 81; AWL Images/Ledger, Nick: 106; Carlos Sanchez Pereyra: 137; Getty Images/500px Plus: 29; Getty Images/AFP/Riopa, Miguel: 120; Getty Images/Apexphotos/Bower, Jon: 88; Getty Images/Corbis/Villalobos, Horacio: 60–61; Getty Images/Griggs, Jodie: 115; Getty Images/iStockphoto: 9, 47; Getty Images/Lonely Planet Images/Avellino, Mark: 51; Getty Images/Moment RF/Bottigelli, Marco: 126; Getty Images/Universal Images Group/REDA&CO/Zwick, Martin: 24; HUBER IMAGES/Cozzi, Guido: 54, 63; imago images/Westend61: 57; imago/Globallmagens: 125; imago/Global-Images/De Castro, Leonel: 36; laif/hemis.fr/Mattes, René: 44–45; laif/Heuer, Frank: 43; laif/Le Figaro Magazine/Prignet,Franck: 153; laif/Schwarz, Jens: 71; laif/Standl, Günter: 109; Lier, Sara: 30; Look/Maeritz, Kay: 62; mauritius images/Jackietraveller Porto/Alamy: 68; mauritius images/Alamy/Fast Food Tourist: 65; mauritius images/Alamy/Gautier, Stephane: 13; mauritius images/Alamy/kpzfoto: 84, 122; mauritius images/Alamy/Moyano, Juan: 15; mauritius images/Alamy/Pavone, Sean: 78; mauritius images/Alamy/PhotoStock-Israel: 17; mauritius images/Alamy/Reddy, Simon: 38; mauritius images/Alamy/Stockimo/Nik R-H: 132; mauritius images/Alamy/travelstock44: 130; mauritius images/Alamy/White, Tim E: 23; mauritius images/Masterfile: 6–7; mauritius images/Strohbach, Felix: 10; picture alliance/robertharding: 49; Pierre Jacques/hemis/laif: 140; plainpicture/Universal Images Group/VW PICS: 151; Shutterstock/AlexelA: 147; Shutterstock/Cantagalli, Jacqueline: 105; Shutterstock/cantfindnickname: 32; Shutterstock/Casais, Jorge: 116; Shutterstock/Costa, Vitor: 111; Shutterstock/Dijour, Elena: 58; Shutterstock/Duszan: 138; Shutterstock/kerale: 75; Shutterstock/ksI: 90; Shutterstock/Mejia, Anamaria: 93; Shutterstock/Oledijio: 149; Shutterstock/Pires, Inacio: 145; Shutterstock/Rovira, Pilar Andreu: 14; Shutterstock/Schonbaum, Petr: 99; Shutterstock/Vladyslav, Sodel: 112; Shutterstock/YingHui Liu: 41.

Liebe Leserin, lieber Leser,
wir freuen uns, dass Sie sich für diesen POLYGLOTT on tour entschieden haben.
Unsere Autorinnen und Autoren sind für Sie unterwegs und recherchieren sehr gründlich,
damit Sie mit aktuellen und zuverlässigen Informationen auf Reisen gehen können.
Dennoch lassen sich Fehler nie ganz ausschließen. Wir bitten Sie um Verständnis, dass der
Verlag dafür keine Haftung übernehmen kann.

Ihre Meinung ist uns wichtig. Bitte schreiben Sie uns:
GRÄFE UND UNZER VERLAG
Postfach 86 03 66, 81630 München, Tel. 0 89 / 419 819 41
www.polyglott.de

LESERSERVICE
polyglott@graefe-und-unzer.de
Tel. 0 800 / 72 37 33 33 (gebührenfrei in D, A, CH), Mo–Do 9–17 Uhr, Fr 9–16 Uhr

1. Auflage 2021

© 2021 GRÄFE UND UNZER VERLAG GmbH,
München
Dieses Buch wurde auf chlorfrei gebleichtem
Papier gedruckt.
ISBN 978-3-8464-0760-8

Bei Interesse an maßgeschneiderten
B2B-Editionen:
roswitha.riedel@graefe-und-unzer.de

Bei Interesse an Anzeigen:
KV Kommunalverlag GmbH & Co KG.
Tel. 089/928 09 60
info@kommunal-verlag.de

Verlagsleitung Reise: Philip Laubach
Verlagsredaktion: Caro Kania
Autorin: Sara Lier
Redaktion: Britta Dieterle und Heide-Ilka Weber
Bildredaktion: Marie Danner
Mini-Dolmetscher: Langenscheidt
Umschlaggestaltung & Layout:
Independent Medien Design, München
Horst Moser (Artdirection), Lucie Heselich
Karten & Pläne: Huber Kartographie GmbH
Satz: Tim Schulz, Mainz
Herstellung: Anna Bäumner,
Gloria Schlayer
Druck und Bindung:
Printer Trento, Italien

PEFC/18-31-506

GRÄFE
UND
UNZER

Ein Unternehmen der
GANSKE VERLAGSGRUPPE

MINI-DOLMETSCHER PORTUGIESISCH

ALLGEMEINES

Guten Tag.	Bom dia. [bõ **dia**]
Hallo!	Olá! [**ola**]
Wie geht's?	Como está? [komu‿**ischta**]
Danke, gut.	Tudo bem, obrigado (m.) / obrigada (w.). [**tudu** bẽj ubri**ga**du / ubri**ga**da]
Ich heiße ...	Chamo-me ... [**scha**mu‿me]
Auf Wiedersehen.	Até logo / Adeus. [a**te lo**gu / a**de**·usch]
Morgen	manhã [ma**njã**]
Nachmittag / Abend	tarde [**tard**ə]
Nacht	noite [**nojt**ə]
morgen	amanhã [ama**njã**]
heute	hoje [**osch**ə]
gestern	ontem [**ônt**ẽj]
Sprechen Sie Deutsch / Englisch?	Fala alemão / inglês? [**fala**‿alə**mãu** / in**glesch**]
Wie bitte?	Como, desculpe? [**ko**mu disch**kulp**ə]
Ich verstehe nicht.	Não entendo. [nãu ĩn**tẽn**du]
Sagen Sie es bitte nochmals.	Se faz favor, repita. [sə **fasch** fa**wor** re**pita**]
Bitte, ...	Se faz favor, ... [sə **fasch** fa**wor**]
danke	obrigado (m.) / obrigada (w.) [ubri**ga**du / ubri**ga**da]
was / wer / welcher	o que / quem / qual [u ke / kẽj / kwal]
wo / wohin	onde / para onde [**ônd**ə / **para ônd**ə]
wie / wie viel	como / quanto [**ko**mu / **kwãn**tu]
wann / wie lange	quando / quanto tempo [**kwãn**du / **kwãn**tu **tẽm**pu]
warum	porquê [pur**ke**]
Wie heißt das?	Como se diz? [**ko**mu sə **disch**]
Wo ist ...?	Onde está / Onde fica ...? [**ônd**ə‿**ischta** / **ônd**ə‿**fika**]
Können Sie mir helfen?	Podia-me ajudar? [pu**dia**‿mə aschu**dar**]
ja	sim [sĩ]
nein	não [nãu]
Entschuldigen Sie.	Desculpe. [disch**kulp**ə]
Das macht nichts.	Não faz nada. [nãu fasch **nada**]
Gibt es hier eine Touristeninformation?	Há por aqui uma informação turística? [a pur‿a**ki u**ma ĩnfurma**ßãu** tu**risch**tika]

SHOPPING

Wie viel kostet das?	Quanto custa isto? [**kwãn**tu **kusch**ta **ischtu**]
Das ist zu teuer.	É caro demais. [e **karu** də**maisch**]
Das gefällt mir (nicht).	Eu (não) gosto disso. [eu (nãu) **gosch**tu **dissu**]
Wo ist hier eine Bank?	Onde há um banco? [**ônd**ə a ũ‿**bãn**ku]
Ich möchte 100 g Käse / zwei Kilo Orangen.	Queria cem gramas de queijo / dois kilos de laranjas. [ke**ria** sẽj **gra**masch də **kej**ju / dojsch ki**lusch** də la**rãn**ʃasch]
Haben Sie deutsche Zeitungen?	Tem jornais alemães? [tẽj ʃu**rnajsch** alə**mãjsch**]
Wo kann ich telefonieren?	Onde posso telefonar? [**ônd**ə **pos**su telefo**nar**]

ESSEN UND TRINKEN

Die Speisekarte bitte.	A ementa, se faz favor. [a e**mẽn**ta sə **fasch** fa**wor**]
Brot	pão [pãu]
Kaffee	café [ka**fe**]
Tee	chá [scha]
mit Milch / Zucker	com leite / açúcar [kõ **leit**ə / a**ßu**kar]
Orangensaft	sumo de laranja [**ßu**mu də la**rãn**ʃa]
Suppe	sopa [**ßo**pa]
Fisch / Meeresfrüchte	peixe / mariscos [**pejsch**ə / ma**risch**kusch]
Fleisch / Geflügel	carne / aves [**karn**ə / **aw**əsch]
vegetarisches Gericht	prato vegetariano [**pra**to wəʃə**tar**janu]
Eier	ovos [**ow**usch]
Salat	salada [sa**lada**]
Dessert	sobremesa
Obst	fruta [**fru**ta]
Eis	gelado [ʃə**ladu**]
Wein weiß / rot / rosé	vinho [**win**ju] branco / tinto / rosé [**brãn**ku / **tĩn**tu / rose]
Bier	cerveja [ser**we**ʃa]
Wasser	água [**agwa**]
Mineralwasser	água mineral [**agwa** mine**ral**]
mit / ohne Kohlensäure	com gas / sem gas [kõ gas / ßẽj gas]
Limonade	limonada [limo**nada**]
Ich möchte bezahlen.	A conta, se faz favor. [**kõn**ta, sə **fasch** fa**wor**]

MEINE ENTDECKUNGEN

....

....

....

....

....

....

....

....

....

....

....

....

....

....

....

....

....

....

Teilen Sie Ihre Entdeckungen auf facebook.com/Polyglottreisewelt.

CHECKLISTE PORTO

Nur da gewesen oder schon entdeckt?

☐ **SCHMUCKSTÜCK MIT AUSSICHT**
Die Ponte Dom Luís I. ist weit mehr als nur eine Brücke über den Douro, denn sie dient auch als beliebtes Fotomotiv und von der oberen Fahrbahn genießt man die grandiose Aussicht auf Porto. › S. 80

☐ **IM ARCHIV DER FLIESEN UND DEKORATIONEN**
Herrlich zum Stöbern und Staunen ist die Banco de Materiais mit ihren Azulejos und Verzierungen der Portuenser Häuser. › S. 91

☐ **DELÍCIA DO PORTO**
Das Herz von Dom Pedro IV ruht in der Igreja da Lapa › S. 139. In Hommage an ihn schuf Konditorin Gaby ein süßes Herz und gewann 2019 den Contest zur Wahl des besten Porto-Gebäcks – zu finden in vielen Hotels, Portweinkellern und Konditoreien.

☐ **IN DEN SPIEGEL SCHAUEN**
Charme und Glamour der Belle Époque spiegelt sich im eleganten Saal des Café Majestic. › S. 71

☐ **SCHMIEDEEISERNES SCHLARAFFENLAND**
Frisch renoviert und in neuem Glanz erstrahlt der über 100 Jahre alte Mercado do Bolhão. › S. 72

☐ **KONZERTHAUS MIT WELTKLASSE**
Architektonisch ein Schmankerl, akustisch ein Traum und kulturell die größte Bereicherung für Porto ist die Casa da Música. › S. 106

☐ **WINDIGER SPAZIERGANG**
Vom Passeio Alegre in Foz do Douro zieht sich eine tolle Uferpromenade am wilden Atlantik entlang. › S. 115f.

🔲 **MITBRINGSEL**

- **Süffige Portweinpralinen:** bei Arcádia gibt's feinste Schokoladen seit 1933 (Rua Santa Catarina 191). › S. 70
- **FC-Porto-Schal:** direkt vom Fanshop in der Rua Sá da Bandeira 270, Ecke Rua Formosa. › S. 17